PASCALE PAOLINI

CUISINE DU *marché*

POUR SUBLIMER
LES PRODUITS DE SAISON

EDITIONS PRISMA

Éditions Prisma

Directeur : Pierre-Olivier Bonfillon
Directrice éditoriale : Françoise Kerlo
Responsable d'édition : Valérie Langrognet
Chargée d'édition : Emmanuelle de Villedary
Chefs de fabrication : Jérôme Brotons,
Anne-Kathrin Fischer, Jeanne Mercadante
Composition : Full Page
Création graphique de la couverture : Éditédito
Photos de couverture : © Matthieu Csech
Photo de l'auteur : DR

Ce livre est une réédition de *Marché de saison*, paru en 2010 sous la marque Prat.

MIX
Paper from responsible sources
FSC® C112556
www.fsc.org

Dépôt légal : mai 2016
ISBN : 978-2-8104-1715-5
Impression : Matisk (Slovénie)

AVANT-PROPOS

Il n'y a pas de secret : une cuisine réussie, c'est une cuisine préparée avec de bons produits.

Pour cela, rien de tel que d'aller chaque semaine remplir son panier au marché. Quoi de plus agréable que de flâner à travers les étals, humer les odeurs, s'imprégner de l'ambiance conviviale, discuter avec les commerçants et goûter sur place un dé de fromage ou un abricot moelleux. Les premières fois, on déambule, on repère, on s'informe, on teste, on questionne… Ensuite, on achète ses produits en toute confiance à son maraîcher préféré qui ne manque pas de prodiguer de judicieux conseils culinaires.

Quel bonheur de croquer dans une fraise bien mûre, juteuse et parfumée ! Rien de plus facile : il suffit d'attendre la bonne saison. Car les fraises ne poussent pas en plein hiver ! N'oubliez pas que chaque fruit, chaque légume a son cycle naturel : consommés à la bonne saison, ils sont plus savoureux et moins chers.
Et cela est vrai aussi pour les viandes, les poissons et les fromages.

Cet ouvrage vous aidera non seulement à mieux connaître et choisir les produits de saison, mais aussi à les cuisiner grâce à des centaines de recettes faciles et gourmandes. Vous y trouverez une mine d'idées et de suggestions pour associer les produits et préparer de bons petits plats en un clin d'œil dès votre retour du marché.

À vos cabas !

Pascale Paolini

SOMMAIRE

Marché de printemps

Marché d'été

Marché d'automne

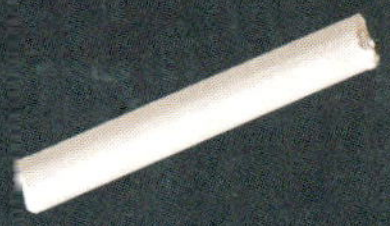

Marché d'hiver

Printemps

L'arrivée des beaux jours annonce des balades agréables entre les étals du marché et le retour tant attendu des asperges et de l'agneau pascal. Les températures remontent, les papilles frétillent : précipitez-vous sur les fraises et les petits pois, promesses de recettes fraîches et pétillantes !

L'ASPERGE

Verte, violette ou blanche, l'asperge symbolise l'arrivée du printemps. Délicate et raffinée, elle raffole de la simplicité : cuite à la vapeur avec une déclinaison de vinaigrettes ou rapidement poêlée avec d'autres légumes.

BIEN LA CHOISIR

Pour reconnaître une asperge bien fraîche, observez sa tige : elle doit être bien droite, ferme mais cassante. Le bourgeon doit être bien fermé. La saison va de mars à juin.

CONNAÎTRE LES VARIÉTÉS

Les asperges blanches, violettes ou vertes ne sont pas des variétés distinctes, seul leur mode de culture diffère.
La **blanche** ne voit pas la lumière, elle est cueillie dès qu'elle sort de terre. Elle est moelleuse et possède un léger goût de noisette.
La **violette** se récolte quand elle a émergé de quelques centimètres. Elle est fruitée et peut être aussi grosse que la blanche.
La **verte**, très savoureuse, grandit, s'affine et verdit en cherchant la lumière.
Les **sauvages**, minces et d'un vert prononcé, sont d'un goût inimitable.

COMMENT LA CONSERVER

Gardez les asperges 3 jours maximum dans un linge humide dans le bac à légumes du réfrigérateur. Ne les conservez pas une fois cuites.

SAVOIR LA PRÉPARER

Coupez la base (1 à 2 cm environ) des asperges blanches et pelez-les de la pointe vers la base à l'aide d'un économe. Inutile d'éplucher les asperges vertes.
Pour préserver les têtes à la cuisson, liez les asperges en botte puis plongez-les dans une casserole remplie d'eau jusqu'aux deux tiers de leur hauteur.

CUISSON ET QUANTITÉ

Démarrez la cuisson à l'eau froide.
Vertes : 10 à 15 minutes (à partir de l'ébullition) à l'eau salée / 5 à 8 minutes à l'autocuiseur
Blanches : 20 minutes (à partir de l'ébullition) à l'eau salée / 10 minutes à l'autocuiseur
10 minutes à la poêle
300 g par pers. en entrée, 200 g en accompagnement

ESP

FAGOTS D'ASPERGES AU JAMBON CRU, CHANTILLY AUX AMANDES

Pour 6 personnes

Préparation : 15 min
Cuisson : 10 min
Réfrigération : 30 min

- *24 asperges vertes*
- *25 cl de crème liquide*
- *10 amandes grillées entières*
- *10 brins de ciboulette*
- *6 tranches fines de bon jambon cru (Serrano, Parme…)*
- *1 c. à c. d'huile de noix*
- *sel et poivre*

1. Versez la crème liquide dans un grand bol et placez-le 30 minutes au réfrigérateur.

2. Coupez si nécessaire la base des asperges, rincez-les rapidement à l'eau froide. Liez-les avec une ficelle et plongez-les debout dans une grande casserole d'eau froide. Faites-les cuire 10 minutes environ à partir de l'ébullition.

3. Déliez les bottes et passez les asperges sous l'eau glacée. Égouttez-les soigneusement puis séchez-les délicatement dans un torchon.

4. Hachez les amandes et ciselez la ciboulette. Coupez les tranches de jambon en deux dans le sens de la largeur.

5. Fouettez la crème liquide en chantilly. Quand elle est montée, ajoutez l'huile de noix, le sel et le poivre. Incorporez la ciboulette ciselée et les amandes hachées.

6. Préparez les fagots en roulant 2 asperges dans une demi-tranche de jambon cru. Fermez le fagot à l'aide d'une pique en bois.

7. Servez les fagots avec la crème à la ciboulette et aux amandes.

PLEIN D'IDÉES POUR LA CUISINER

VITE FAIT, BIEN FAIT !

• **Asperges à la flamande :** faites cuire 24 grosses asperges blanches 20 minutes environ à l'eau bouillante salée. Passez 3 œufs durs à la moulinette. Faites fondre 120 g de beurre avec le jus d'un citron. Fouettez pour faire mousser le mélange. Disposez 6 asperges par assiette. Nappez d'œuf dur mouliné, de beurre citronné et de persil haché. Salez et poivrez. Dégustez tiède.

• **Bœuf sauté aux asperges et au soja :** faites mariner au moins 2 heures un filet de bœuf coupé en lanières avec de la sauce soja, du gingembre râpé, de la coriandre ciselée, de l'ail et des oignons émincés. Égouttez la viande puis faites-la saisir 3 minutes à feu vif dans de l'huile de sésame, ajoutez des asperges vertes émincées et des germes de soja. Remuez et laissez cuire 2 minutes. Versez la marinade et poursuivez la cuisson 5 minutes à feu moyen. Un délice croquant !

• **Asperges panées au parmesan :** faites cuire 24 asperges vertes 10 minutes à l'eau bouillante salée. Égouttez-les et séchez-les. Battez 2 œufs en omelette. Dans une assiette creuse, mélangez de la chapelure et du parmesan fraîchement râpé. Salez et poivrez. Roulez les asperges dans les œufs battus puis dans la chapelure au parmesan. Faites-les frire 5 minutes dans de l'huile d'olive à feu vif dans une poêle. Irrésistible avec une salade verte !

LES BONNES ASSOCIATIONS

- Les crustacés
- Les œufs : en omelette ou à la coque pour remplacer les mouillettes
- Le parmesan
- Le jambon cru, les viandes blanches et les poissons

À la vapeur, avec :

- une vinaigrette au curry avec de l'estragon, du cerfeuil et du persil hachés
- une sauce mousseline (mayonnaise à laquelle on a incorporé un blanc d'œuf battu en neige)
- une sauce à base de crème fraîche, de ciboulette et de citron

En velouté, avec :

- de la crème fraîche
- du cerfeuil ou du persil
- du cumin, de la muscade ou du paprika
- des oignons ou des blancs de poireau

L'astuce du maraîcher

Pour éviter une éventuelle amertume, pressez un citron dans l'eau de cuisson.

LE NAVET

Le navet a longtemps souffert de sa mauvaise réputation. Pourtant, sa saveur piquante ou sucrée réveille les salades composées. Il est également délicieux confit, glacé, farci ou en gratin.

BIEN LE CHOISIR

Choisissez un navet ferme, lourd en main, sans taches et à la peau lisse. S'il est vendu en botte, vérifiez la fraîcheur de ses fanes : elles doivent être bien vertes. Selon les variétés, on trouve des navets d'octobre à mai.

CONNAÎTRE LES VARIÉTÉS

Les navets longs, **de Croissy**, **nantais candia** ou **des vertus Marteau** sont tendres et sucrés.
Parmi les navets ronds, le **milan** est le plus courant, le **rond de Nancy** possède une chair fine, le **boule d'or**, plus rare, a une saveur plus sucrée.
Le navet **noir de Pardailhan**, noir dehors, blanc dedans, a un goût de noisette légèrement poivré.

COMMENT LE CONSERVER

Le navet se conserve 1 semaine dans le bac à légumes du réfrigérateur.

SAVOIR LE PRÉPARER

Inutile d'éplucher le navet de printemps, il suffit de le brosser. Pelez les autres navets à l'aide d'un couteau d'office.

CUISSON ET QUANTITÉ

20 minutes à l'eau bouillante salée
10 minutes à l'autocuiseur
1 kg pour 6 pers. en accompagnement

Le saviez-vous ?

Pourquoi dit-on d'un mauvais film que c'est un navet ? Parce qu'il manque de saveur ? Il y a une autre explication : à la fin du XVIIIe siècle, de jeunes artistes français qui ne trouvaient pas à leur goût une statue d'Apollon (blanche et de forme allongée) l'auraient surnommée « le navet épluché ». Cette métaphore péjorative serait donc bien antérieure à l'invention du cinéma !

PETITES TATINS DE NAVETS AU MIEL

Pour 4 personnes

Préparation : 30 min
Cuisson : 35 min

❀ *500 g de navets de printemps*

❀ *40 g de beurre*

❀ *4 c. à s. de miel liquide*

❀ *1 branche de romarin frais*

❀ *1 pâte feuilletée prête à l'emploi*

1. Préchauffez le four à 180 °C (th. 6).

2. Épluchez les navets et coupez-les en rondelles. Dans une casserole, faites-les revenir à feu vif dans le beurre.

3. Quand ils sont dorés, nappez-les de 2 c. à s. de miel, laissez caraméliser 3 minutes. Mouillez d'eau à hauteur et incorporez la moitié du romarin. Couvrez et laissez confire 10 minutes à feu moyen. Égouttez les navets.

4. Dans une casserole, faites caraméliser les 2 c. à s. de miel restantes avec le reste du romarin.

5. Découpez 4 cercles de pâte feuilletée de la taille des moules.

6. Nappez le fond des moules du miel caramélisé au romarin. Disposez les rondelles de navets en rosace.

7. Recouvrez les navets de pâte feuilletée, rentrez les bords de la pâte à l'intérieur du moule. Piquez la pâte à l'aide d'une fourchette.

8. Enfournez les tatins 25 minutes. Laissez-les refroidir un peu avant de les démouler. Servez tiède avec une salade verte.

PLEIN D'IDÉES POUR LE CUISINER

VITE FAIT, BIEN FAIT !

• Salade de navets aux pommes : râpez 3 navets de printemps et 2 pommes. Hachez 1 oignon blanc. Mélangez avec une poignée de raisins secs et une sauce huile d'olive-jus de citron-paprika. Frais et léger.

• Navets glacés à l'orange : dans une casserole à fond épais, faites bouillir 3 c. à c. de sucre, 40 g de beurre et un zeste d'orange. Laissez caraméliser. Enrobez 6 navets coupés en quartiers (de même taille) du caramel. Salez. Versez le jus d'une orange, 2 c. à s. de vinaigre balsamique et 30 cl de bouillon de volaille. Couvrez avec du papier cuisson et laissez cuire jusqu'à évaporation du liquide. Servez avec des filets de canette saisis à la poêle. Une version raffinée du canard à l'orange.

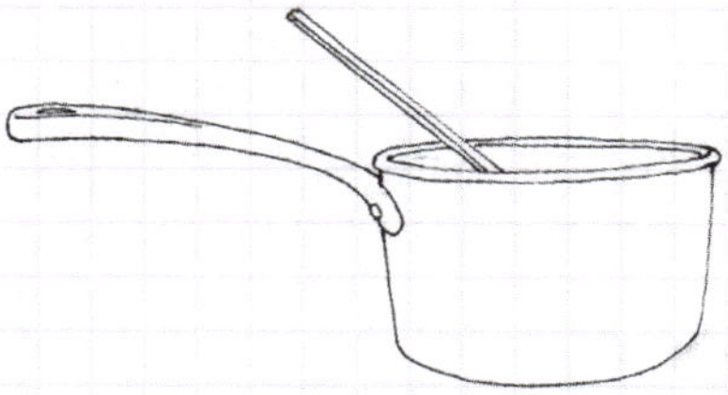

• Navets farcis aux deux fromages : Faites blanchir 8 navets pendant 5 minutes à l'eau bouillante salée et les fanes pendant 1 minute. Coupez les navets en deux et évidez-les. Écrasez la pulpe et mélangez-la à 100 g de ricotta et 80 g de feta émiettés. Ajoutez les fanes hachées et 2 c. à s. de ciboulette ciselée. Remplissez les demi-navets de farce et passez 20 minutes au four à 180 °C (th. 6). Onctueux et fondant.

LES BONNES ASSOCIATIONS

- Les carottes, les légumes verts (poireaux, petits pois, choux, haricots verts), les oignons
- Les viandes blanches (rôti de veau), l'agneau, le canard
- Les poissons gras (saumon)
- Le jambon, les saucisses et les lardons
- Les épices douces : cannelle et gingembre
- La graisse d'oie, le miel, le sirop d'érable, le vinaigre balsamique

L'astuce du maraîcher

Vous avez oublié vos navets au fond du frigo ? Ils retrouveront leur croquant si vous les plongez dans un saladier d'eau vinaigrée avec deux morceaux de sucre.

LA LAITUE

Les laitues sont nombreuses et réclament de la diversité. Variez les assaisonnements (et les plaisirs) et multipliez les garnitures. Pensez aussi à la cuisiner : elle est délicieuse cuite. Qui l'eût cru ?

BIEN LA CHOISIR

Des feuilles non flétries, bien vertes et une base bien blanche sont des gages de fraîcheur. La saison de la laitue va de mars à septembre.

CONNAÎTRE LES VARIÉTÉS

La laitue est un nom générique qui regroupe de nombreuses variétés de salades : la classique **laitue pommée**, mais aussi la **batavia** (grandes feuilles croquantes), la **romaine** (croquante et sucrée), la **feuille de chêne** (ferme, au léger goût de noisette), la **lollo rossa** (feuilles frisées et rouges), la **sucrine** (petite et croquante)…

COMMENT LA CONSERVER

La laitue se conserve 2 jours dans le bac à légumes du réfrigérateur. Pour prolonger sa durée de vie, enveloppez ses feuilles non lavées dans du papier absorbant et placez-les dans une boîte, au réfrigérateur.

SAVOIR LA PRÉPARER

Ôtez le trognon, lavez la salade, passez-la à l'essoreuse puis séchez-la dans un torchon.

FEUILLES DE LAITUE FARCIES

Pour 6 personnes

Préparation : 25 min. Cuisson : 45 min

❀ 2 laitues ❀ 1 bouquet de persil ❀ 50 g de mie de pain ❀ 10 cl de lait ❀ 250 g de porc haché ❀ 250 g de bœuf haché ❀ ½ c. à c. de cumin ❀ 2 œufs ❀ 75 cl de bouillon de volaille ❀ sel et poivre

1. Lavez les laitues, essorez-les et séparez les feuilles. Dans une casserole d'eau bouillante salée, faites blanchir 1 minute 18 feuilles de laitue. Égouttez-les.

2. Lavez, séchez et hachez le persil.

3. Faites tremper la mie de pain dans le lait 10 minutes environ puis essorez-la.

4. Mélangez la viande hachée avec la mie de pain et le persil haché. Salez et poivrez, ajoutez le cumin et les œufs. Mélangez bien. Formez 18 boulettes.

5. Placez-les au centre de chaque feuille de laitue, formez des petits paquets et ficelez-les.

6. Faites fondre du beurre dans une cocotte. Déposez-y les laitues farcies, bien serrées. Faites cuire à feu vif 5 minutes, puis mouillez à hauteur avec le bouillon, couvrez et laissez cuire 40 minutes à feu doux.

PLEIN D'IDÉES POUR LA CUISINER

• **Sucrines farcies à l'anchoïade :** dessalez 10 filets d'anchois 30 minutes dans l'eau froide. Égouttez-les. Passez-les au mixeur avec une gousse d'ail. Incorporez 3 c. à s. d'huile d'olive en filet et montez comme une mayonnaise. Ajoutez une pincée de piment d'Espelette et quelques gouttes de jus de citron. Remplissez les feuilles de sucrine et servez à l'apéritif. Croquant !

• **Cœurs de laitue braisés :** faites revenir 3 échalotes émincées 5 minutes dans de l'huile d'olive. Ajoutez 6 cœurs de laitue coupés en deux. Salez et poivrez. Laissez dorer quelques minutes. Mouillez avec 15 cl de bouillon de volaille. Laissez mijoter 20 minutes, sans couvrir, à feu moyen. Quand le liquide s'est évaporé, ajoutez une noix de beurre. Servez ces laitues fondantes avec du poisson ou une viande blanche.

L'astuce du maraîcher

Pour débarrasser la salade d'éventuels insectes, trempez-la dans de l'eau additionnée de quelques gouttes de vinaigre blanc.

LE CHOU-FLEUR

Merveilleusement croquant cru, le chou-fleur devient fondant quand il est cuit. On l'aime crémeux et moelleux en velouté et en gratin et il surprendra vos invités dans un taboulé croquant.

BIEN LE CHOISIR

Examinez le chou-fleur : ses feuilles doivent être bien vertes et non flétries et les fleurettes bien blanches, sans taches, et bien serrées. On trouve des choux-fleurs toute l'année.

COMMENT LE CONSERVER

Le chou-fleur se conserve 3 jours maximum dans le bac à légumes du réfrigérateur.

Le saviez-vous ?

Apprécié depuis l'Antiquité par les Grecs et les Romains, le chou-fleur a ensuite connu une longue traversée du désert. En France, c'est grâce à Louis XV, qui aimait le déguster sous toutes ses formes, que le chou-fleur a retrouvé ses lettres de noblesse.

SAVOIR LE PRÉPARER

Coupez le trognon et retirez les feuilles. Séparez éventuellement les bouquets et rincez-les à l'eau avant de les égoutter. Pour une cuisson à l'eau bouillante, ajoutez 5 g de gros sel par litre et n'oubliez pas d'ajouter du jus de citron : le chou-fleur gardera ainsi toute sa blancheur. Pensez à ajouter un croûton de pain (enveloppé dans une mousseline) dans l'eau de cuisson pour éviter les odeurs tenaces.

CUISSON ET QUANTITÉ

25 minutes à l'eau bouillante salée
10 à 12 minutes à l'autocuiseur
1 chou-fleur de 900 g pour une soupe ou un gratin pour 6 pers.

Produit
Chou fleur
Variété
Catégorie
Calibre
Prix 1kg
2,00 €

TABOULÉ DE CHOU-FLEUR

Pour 6 personnes

Préparation : 20 min
Réfrigération : 2 h

❀ *1 chou-fleur*
❀ *½ concombre*
❀ *2 grosses tomates*
❀ *1 poignée de radis roses*
❀ *10 feuilles de menthe*
❀ *10 feuilles de basilic*
❀ *3 brins de persil plat*
❀ *½ bouquet de coriandre*
❀ *10 brins de ciboulette*
❀ *3 cm de gingembre frais*
❀ *1 petit oignon*
❀ *2 citrons*
❀ *15 cl d'huile d'olive*
❀ *250 g de saumon fumé*
❀ *sel et poivre*

1. Coupez le trognon et les morceaux de tiges, prélevez les fleurettes, lavez le chou-fleur, égouttez-le soigneusement, puis râpez-le : vous obtenez une poudre blanche qui ressemble à de la semoule.

2. Épluchez le concombre, retirez les pépins et coupez-le en petits cubes.

3. Épluchez les tomates, épépinez-les, puis émincez-les en petits dés.

4. Émincez les radis finement.

5. Ciselez les herbes fraîches. Râpez le gingembre. Épluchez puis hachez l'oignon. Pressez le jus des citrons.

6. Mélangez tous les ingrédients, recouvrez d'huile d'olive et de jus de citron. Salez, poivrez et mélangez. Laissez reposer au moins 2 heures au réfrigérateur.

7. Taillez le saumon fumé en fines lanières. Ajoutez-les au taboulé au moment de servir.

PLEIN D'IDÉES POUR LE CUISINER

VITE FAIT, BIEN FAIT !

• **Flan de chou-fleur au roquefort :** faites cuire les fleurettes d'un chou-fleur à la vapeur. Égouttez, mixez et mélangez avec 2 jaunes et 1 œuf entier battus avec 20 cl de crème fraîche et 150 g de roquefort émietté. Faites cuire 30 minutes au four à 180 °C (th. 6) au bain-marie. Fondant à souhait.

• **Chou-fleur des Indes :** faites revenir dans un wok 1 oignon et 1 gousse d'ail émincés. Ajoutez des épices (curry, cumin, piment...) et des noix de cajou émiettées. Incorporez les fleurettes de chou-fleur, des petits pois et des rondelles de carottes cuits à la vapeur. Mélangez et versez 15 cl de bouillon de volaille et 3 c. à s. de crème de coco. Laissez cuire 10 minutes. Saupoudrez de coriandre fraîche et servez avec du riz blanc. Croquant et bien parfumé.

• **Gratin de chou-fleur au Kiri :** faites cuire les fleurettes d'un chou-fleur 25 minutes à l'eau bouillante avec un cube de bouillon. Égouttezle chou-fleur, écrasez-le à la fourchette et mélangez-le avec 6 portions de Kiri. Salez et poivrez. Versez le mélange dans un plat à gratin, recouvrez du fromage de votre choix. Faites gratiner au four. Délicieux avec un rôti de porc ou de veau.

LES BONNES ASSOCIATIONS

• La moutarde et les épices douces : curry, muscade, paprika
• Les poissons blancs, les crevettes et les Saint-Jacques
• Le porc, le veau et la volaille

En salade, avec :
• des œufs durs et une vinaigrette huile de tournesol-moutarde-vinaigre-herbes fraîches
• des carottes, des dés de poivron vert et une vinaigrette huile d'olive-citron

En gratin ou en soupe, avec :
• les pommes de terre
• la crème fraîche
• le fromage : roquefort, parmesan, Kiri, gruyère râpé

L'astuce du maraîcher

Si vous faites cuire le chou-fleur en entier, entaillez le trognon en croix, il cuira ainsi uniformément.

LE RADIS ROSE

Non, le radis rose ne se mange pas qu'avec du beurre. Cette croquante crudité trouve aussi sa place dans les salades printanières et se transforme facilement en condiment. Sauté en rondelles, il s'adoucit et se plaît en wok avec d'autres légumes.

BIEN LE CHOISIR

Préférez les radis de petite taille, bien fermes et à la peau lisse. Vérifiez la fraîcheur des fanes (bien vertes). Les primeurs en proposent toute l'année mais les meilleurs sont ceux qu'on trouve d'avril à juillet.

COMMENT LE CONSERVER

Les radis se conservent 4 jours dans le bac à légumes du réfrigérateur. On peut aussi les conserver en plongeant les fanes dans un grand verre d'eau.

SAVOIR LE PRÉPARER

Coupez les fanes (gardez-les pour les cuisiner) et lavez les radis sous l'eau du robinet.

QUANTITÉ

1 botte pour 4 pers. en entrée

SAUMON MARINÉ AUX RADIS ROSES ET AUX POIS GOURMANDS

Pour 4 personnes

Préparation : 15 min. Cuisson : 5 min
Marinade : 3 h

❀ 1 botte de radis roses ❀ 200 g de pois gourmands ❀ 4 pavés de saumon
Pour la marinade : ❀ 1 c. à s. d'huile de sésame ❀ 4 c. à s. de sauce soja ❀ 1 c. à s. de vinaigre balsamique ❀ 3 c. à s. de mirin ❀ 1 gousse d'ail hachée ❀ 3 c. à c. de sucre

1. Nettoyez les radis et coupez-les en fines rondelles. Taillez les pois gourmands en lamelles.

2. Coupez les pavés de saumon en dés.

3. Mélangez tous les ingrédients de la marinade dans un saladier. Placez-y le saumon, les rondelles de radis et les lamelles de pois gourmands. Recouvrez le saladier de film alimentaire. Laissez mariner au réfrigérateur 3 heures minimum.

4. Dans une poêle antiadhésive, faites saisir les dés de saumon, les radis et les pois gourmands. Ajoutez la marinade et laissez cuire 5 minutes. Servez avec du riz blanc.

PLEIN D'IDÉES POUR LE CUISINER

• **Velouté de fanes de radis au chorizo :** faites suer les fanes d'une botte de radis dans du beurre. Ajoutez 2 pommes de terre coupées en morceaux, recouvrez de bouillon de volaille, laissez cuire 20 minutes. Mixez, salez et poivrez et ajoutez des rondelles de radis et des tranches de chorizo poêlées au moment de servir.

• **Radis à croquer :** pour changer du beurre, proposez vos radis avec une sauce fromage blanc-paprika ou fromage blanc-fines herbes.

• **Radis au vinaigre :** équeutez 1 botte de radis et coupez-les en deux dans la longueur. Faites chauffer 20 cl de vinaigre de riz avec 30 g de sucre et 1 c. à c. de sel. Ajoutez 5 grains de poivre noir et 1 clou de girofle. Faites bouillir 1 minute et versez sur les radis dans un bocal. Ajoutez 1 gousse d'ail et 5 oignons grelots. Fermez et laissez reposer au moins 24 heures. Ces radis se gardent 3 à 4 semaines après ouverture. À déguster en condiment à l'apéritif ou avec une viande froide.

L'astuce du maraîcher

Vos radis ont mauvaise mine ? Plongez-les 1 heure dans un saladier d'eau glacée. Ils retrouveront tout leur croquant.

L'ÉPINARD

Rendu célèbre par Popeye, surnommé le roi des légumes au Proche-Orient, l'épinard apporte fraîcheur et saveur aux salades. Juste poêlé, il aime la compagnie des poissons, des viandes blanches et des œufs.

BIEN LE CHOISIR

Choisissez l'épinard avec des feuilles fermes, d'un beau vert franc.
Il est disponible quasiment toute l'année, mais sera au mieux de sa forme d'avril à juin, puis de septembre à novembre.

COMMENT LE CONSERVER

Les épinards sont fragiles et ne se conservent pas plus de 2 jours dans le bac à légumes du réfrigérateur.

SAVOIR LE PRÉPARER

Lavez les épinards soigneusement à l'eau courante, évitez de les laisser tremper.
Si vous les consommez crus, retirez leur eau en les passant dans l'essoreuse à salade.
Les épinards préfèrent les cuissons rapides sans couvercle. Évitez-leur la cuisson à l'eau bouillante. Passez-les rapidement à la poêle, au wok ou à la casserole.

CUISSON ET QUANTITÉ

5 minutes à la poêle
1,5 kg pour 4 pers. en accompagnement (soit 500 g d'épinards cuits : les épinards réduisent énormément à la cuisson)
400 g pour une salade pour 4 pers.

Le saviez-vous ?

La force surhumaine de Popeye proviendrait de sa consommation excessive d'épinards. Faux ! L'épinard ne contient pas tant de fer que ça. Cette réputation usurpée serait due à l'erreur d'une secrétaire qui, à la fin du XIXe siècle, aurait multiplié par 10 la quantité de fer dans les épinards. Une légende basée sur une erreur typographique !

FEUILLETÉ D'ÉPINARDS À LA GRECQUE

Pour 6 personnes

Préparation : 30 min
Cuisson : 45 min

- *1 kg d'épinards en branches*
- *2 oignons*
- *1 gousse d'ail*
- *2 c. à s. d'huile d'olive*
- *cannelle*
- *noix de muscade*
- *1 bouquet de persil*
- *1 bouquet d'aneth*
- *4 œufs*
- *200 g de feta*
- *110 g de beurre*
- *10 feuilles de pâte filo*
- *sel et poivre*

1. Nettoyez les épinards, séparez les branches. Pelez puis émincez les oignons et la gousse d'ail.

2. Dans une poêle, faites suer les épinards, les oignons et l'ail 5 minutes dans l'huile d'olive. Ajoutez 3 pincées de cannelle et 1 pincée de noix de muscade râpée. Égouttez soigneusement les épinards.

3. Lavez, séchez et ciselez le persil et l'aneth. Préchauffez le four à 200 °C (th. 6-7).

4. Battez les œufs en omelette. Émiettez la feta et ajoutez-la aux œufs battus ainsi que les herbes ciselées, puis les épinards. Mélangez. Salez et poivrez.

5. Faites fondre 100 g de beurre dans une petite casserole.

6. Beurrez le fond d'un moule qui peut contenir les feuilles de pâte filo. Badigeonnez chaque feuille de pâte filo de beurre fondu, superposez 5 feuilles et mettez-les au fond du moule.

7. Répartissez dessus la préparation aux épinards, et recouvrez des 5 dernières feuilles de pâte filo superposées. Incisez par endroits avec la pointe d'un couteau.

8. Enfournez 30 minutes jusqu'à ce que le feuilleté soit bien doré. Coupez en carrés de 6 cm de côté et servez chaud.

PLEIN D'IDÉES POUR LE CUISINER

VITE FAIT, BIEN FAIT !

• **Épinards à l'andalouse** : faites cuire les épinards 5 minutes dans du beurre. Émiettez des tranches de pain frit aillé. Faites revenir dans une poêle le pain aillé émietté avec du cumin et du paprika. Ajoutez les épinards égouttés et des pois chiches. Versez un filet de vinaigre et laissez cuire quelques minutes. Servez avec des croûtons, en tapas, comme en Espagne.

• **Lasagnes vertes aux épinards** : versez un peu de béchamel au fond d'un plat, tapissez-le de feuilles de lasagne, recouvrez d'épinards préalablement tombés à la poêle, puis de béchamel. Renouvelez l'opération jusqu'à ce que le plat soit rempli. Terminez avec le reste de béchamel. Parsemez de parmesan râpé et enfournez 25 minutes à four bien chaud. Fondant et printanier.

• **Salade César aux épinards** : mélangez des pousses d'épinard, des croûtons à l'ail et des copeaux de parmesan. Ajoutez des anchois hachés, des crevettes ou des lanières de poulet grillé. Arrosez d'une vinaigrette bien moutardée. Croquant et savoureux.

LES BONNES ASSOCIATIONS

- Le veau
- La volaille
- Les œufs
- Les poissons et les fruits de mer

En salade, avec :

- des dés de pomme, du fromage de chèvre et une vinaigrette au citron
- des œufs durs moulinés, avec une vinaigrette au bleu
- des quartiers de pomelo et d'orange pelés à vif, avec une vinaigrette au jus des agrumes et au cumin
- des lamelles de poires et des cerneaux de noix, avec une vinaigrette au paprika

En soupe, avec :

- des pommes de terre, du cresson et du curry
- des œufs durs hachés et du parmesan
- du riz, du yaourt, de l'ail, des oignons et du quatre-épices

À l'étuvée avec :

- de l'ail et de l'huile d'olive
- des pignons et des lardons

L'astuce du maraîcher

Utilisez l'épinard comme colorant alimentaire naturel. Cuit et mixé, il colore de son joli vert les préparations alimentaires les plus diverses : sauces, chantilly, œufs de Pâques…

LA FÈVE

On les adore tendres et crues à la croque au sel. Mais la saveur délicate des fèves fraîches fait aussi merveille dans les ragoûts, les purées et les veloutés. Leur saison est courte : profitez-en.

BIEN LA CHOISIR

À l'achat, vérifiez que les cosses sont bien vertes, sans taches et très fermes. Préférez-les petites et lourdes en main, elles seront plus savoureuses. On s'en régale de mars à juillet.

COMMENT LA CONSERVER

Les fèves se dégustent bien fraîches : ne les conservez pas plus de 2 jours dans le bac à légumes du réfrigérateur.

SAVOIR LA PRÉPARER

Les fèves possèdent une double peau. Cela ne doit pas vous décourager : écossez-les puis faites-les blanchir 3 minutes à l'eau bouillante. Vous pourrez alors enlever facilement la seconde peau, en pressant les fèves entre vos doigts.

CUISSON ET QUANTITÉ

15 minutes à l'étuvée
5 minutes à l'autocuiseur
5 minutes sautées à la poêle
1,5 à 1,8 kg de fèves pour 4 pers.

RAGOÛT D'AGNEAU AUX FÈVES

Pour 4 personnes

Préparation : 30 min. Cuisson : 1 h

❀ 2 kg de fèves ❀ 2 oignons ❀ 2 gousses d'ail ❀ 700 g d'épaule d'agneau ❀ 3 c. à s. d'huile d'olive ❀ 1 citron ❀ 20 cl de vin blanc ❀ 10 brins de coriandre ❀ 10 brins de persil ❀ 10 feuilles de menthe ❀ 1 petite boîte de tomates pelées ❀ sel et poivre

1. Écossez les fèves et faites-les blanchir 3 minutes à l'eau bouillante salée.

2. Passez-les sous l'eau froide et retirez la seconde peau.

3. Épluchez et émincez les oignons et l'ail. Hachez l'ail.

4. Coupez la viande en gros dés.

5. Dans une cocotte, faites dorer les oignons et la viande 10 minutes à feu vif dans l'huile d'olive. Versez le jus du citron et le vin blanc. Salez et poivrez.

6. Ciselez les herbes et mettez-les dans la cocotte avec l'ail haché. Ajoutez les tomates pelées. Couvrez d'eau et laissez cuire 30 minutes à feu doux à couvert.

7. Incorporez les fèves. Mélangez. Rectifiez l'assaisonnement. Laissez cuire 20 minutes supplémentaires.

PLEIN D'IDÉES POUR LA CUISINER

• **Velouté de fèves :** écossez et faites cuire les fèves 15 minutes dans du bouillon de volaille avec un filet d'huile d'olive. Mixez, passez au chinois (pour éliminer la deuxième peau) et ajoutez du beurre fondu. Salez et poivrez. Ajoutez du cumin, du basilic ou du cerfeuil. Les soirs de fête, glissez des dés de foie gras. Un velouté qui se déguste aussi glacé avec de la menthe fraîche.

• **Houmous de fèves :** faites cuire 300 g de fèves 5 minutes dans de l'eau bouillante salée. Égouttez, passez sous l'eau froide. Retirez la seconde peau. Mixez avec 1 gousse d'ail hachée, 3 c. à s. d'huile d'olive, 1 c. à s. d'huile de sésame, le jus d'un citron. Parsemez de coriandre ciselée. À servir sur du pain grillé, avec une crevette décortiquée.

• **Salade croquante de fèves à la menthe :** faites blanchir les fèves 2 minutes à l'eau bouillante salée. Retirez la seconde peau. Préparez une vinaigrette avec de la menthe fraîche ciselée, de l'huile d'olive, du jus de citron, un peu de crème fraîche, du sel et du poivre. Arrosez-en les fèves.

L'astuce du maraîcher

Pour conserver leur jolie couleur verte, passez rapidement les fèves sous l'eau bien fraîche après cuisson.

LE PETIT POIS

Tout frais cueilli, le petit pois annonce l'arrivée du printemps et le retour des séances d'écossage en famille. Il aime la compagnie des carottes et des lardons, bien sûr, mais sa saveur sucrée enchante aussi les purées, les ragoûts et les veloutés.

BIEN LE CHOISIR

Les cosses des petits pois doivent être bien vertes, fermes, lisses et sans taches. Mais la meilleure méthode consiste à goûter : le petit pois doit être légèrement sucré, tendre et non farineux. On le trouve sur nos étals d'avril à juillet.

COMMENT LE CONSERVER

Les petits pois frais non écossés se gardent 2 jours dans le bac à légumes du réfrigérateur. Une fois écossés, il faut les consommer le jour même.

SAVOIR LE PRÉPARER

Si vous voulez que les petits pois restent bien verts, évitez de mettre un couvercle lors de la cuisson à l'eau bouillante, et passez-les ensuite sous l'eau froide.

CUISSON ET QUANTITÉ

15 minutes à l'eau bouillante
8 minutes à l'autocuiseur
1,5 kg pour 4 pers. en accompagnement

Le saviez-vous ?

Le petit pois n'a été introduit en France qu'au XVIIe siècle. À la cour de Louis XIV, il fait fureur. À tel point que Madame de Maintenon écrit : « L'impatience d'en manger, le plaisir d'en avoir mangé et la joie d'en manger encore sont les trois points que nos princes traitent depuis quatre jours. »

TAJINE DE VEAU AUX PETITS POIS ET CITRONS CONFITS

Pour 4 personnes

Préparation : 25 min
Cuisson : 1 h 30

- *3 oignons*
- *700 g de jarret de veau*
- *1,5 kg de petits pois*
- *3 c. à s. d'huile d'arachide*
- *1 pincée de safran*
- *1 c. à c. de paprika*
- *½ c. à c. de cumin*
- *1 c. à c. de gingembre râpé*
- *2 citrons confits*
- *sel et poivre*

1. Épluchez et émincez les oignons. Coupez la viande en morceaux. Écossez les petits pois.

2. Dans une cocotte, faites revenir les oignons émincés dans l'huile. Ajoutez les épices. Salez et poivrez. Remuez bien.

3. Ajoutez le veau. Faites colorer la viande de tous les côtés.

4. Préchauffez le four à 180 °C (th. 6).

5. Transvasez le contenu de la cocotte dans un tajine. Recouvrez la viande d'eau. Faites cuire 1 heure au four.

6. Sortez du four et ajoutez les petits pois écossés et les citrons confits coupés en quatre. Ajoutez un peu d'eau si nécessaire.

7. Remettez au four 20 minutes. Servez bien chaud.

PLEIN D'IDÉES POUR LE CUISINER

VITE FAIT, BIEN FAIT !

- **Tagliatelles aux petits pois :** faites blanchir 300 g de petits pois 3 minutes à l'eau bouillante salée. Faites dorer 1 oignon émincé et 150 g de lardons dans une poêle. Faites cuire 300 g de tagliatelles. Incorporez les pâtes dans la poêle, ajoutez les petits pois et 10 cl de crème fraîche. Salez et poivrez. Remuez. Laissez cuire 2 minutes. Servez avec des copeaux de parmesan. Croquant et fondant.

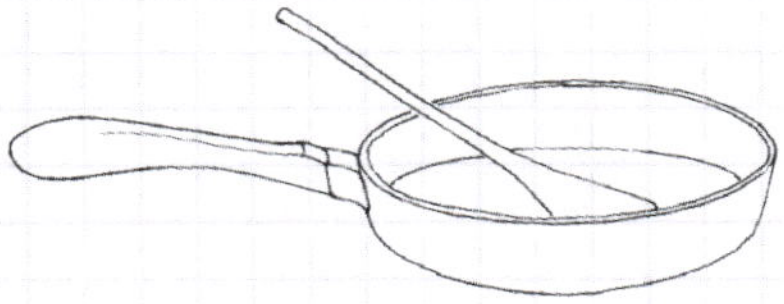

- **Salade de petits pois à la feta :** faites cuire des petits pois 5 minutes à l'eau bouillante salée. Égouttez. Émincez 1 oignon blanc. Mélangez les petits pois, l'oignon, des cœurs de laitue et des dés de concombre. Au moment de servir, nappez de vinaigrette huile d'olive-citron-herbes fraîches ciselées et servez avec des dés de feta. Fraîcheur garantie.

LES BONNES ASSOCIATIONS

- Les fines herbes : le basilic, le cerfeuil, l'estragon et la menthe

En soupe, avec :
- du bacon ou du chorizo grillé, du lard fumé croustillant ou des lanières de jambon cru
- du saumon ou du haddock fumé
- du chèvre frais ou de la feta
- des courgettes
- des dés de foie gras

En ragoût ou en tajine, avec :
- du veau ou de l'agneau
- du poulet, des carottes et des lardons

En risotto avec du safran ou du parmesan.

En salade avec de la laitue, des épinards frais, des tomates.

En purée avec des pois cassés, de la laitue, des pommes de terre.

L'astuce du maraîcher

Versez un peu de beurre fondu sur les petits pois, mettez-les 1 demi-heure au réfrigérateur et vous obtiendrez des petits pois à la peau plus souple.

LA ROQUETTE

Inconnue il y a une dizaine d'années, elle a conquis nos palais par sa saveur piquante et poivrée. On l'adore en salade avec des tomates, du chèvre frais et du jambon cru, mais aussi pour agrémenter une pizza.

BIEN LA CHOISIR

Choisissez de la roquette aux feuilles petites, étroites, non flétries et sans taches.

COMMENT LA CONSERVER

Enveloppée dans un linge humide, la roquette se conserve 2 à 3 jours dans le bac à légumes du réfrigérateur.

SAVOIR LA PRÉPARER

Lavez la roquette à l'eau claire puis essorez-la délicatement à l'essoreuse à salade.

CUISSON ET QUANTITÉ

100 g de roquette pour une salade ou un plat de pâtes pour 4 pers.

Le saviez-vous ?

La roquette était censée « exciter l'amour des maris indolents ». Cette réputation sulfureuse poussa l'Église à en interdire la culture dans les monastères au Moyen Âge.

PIZZA BLANCHE À LA ROQUETTE

Pour 6 personnes

Préparation : 10 min. Cuisson : 15 min

❀ 100 g de roquette ❀ 1 pâte à pizza prête à l'emploi ❀ 2 boules de mozzarella de bufflonne (250 g) ❀ 4 brins de thym citron ❀ 80 g de copeaux de parmesan ❀ huile d'olive ❀ sel et poivre

1. Sortez la plaque du four et recouvrez-la de papier cuisson. Préchauffez le four à 240 °C (th. 8).

2. Étalez la pâte à pizza sur 1 cm d'épaisseur, farinez-la un peu et arrosez-la d'un filet d'huile d'olive.

3. Lavez et essorez la roquette délicatement.

4. Égouttez la mozzarella et coupez-la en tranches de 0,5 cm d'épaisseur. Disposez-les sur la pâte à pizza. Poivrez et saupoudrez de thym. Arrosez d'un filet d'huile d'olive.

5. Enfournez 10 minutes.

6. Sortez la pizza du four et recouvrez la mozzarella de roquette et de copeaux de parmesan. Arrosez d'un filet d'huile d'olive et remettez la pizza au four 5 minutes.

PLEIN D'IDÉES POUR LA CUISINER

• **Gaspacho de roquette :** faites revenir 2 oignons blancs émincés, puis faites suer 200 g de roquette dans un peu d'huile d'olive 2 minutes environ. Versez 30 cl de bouillon de volaille et laissez réduire 3 minutes. Mixez le tout avec 100 g de roquette crue et 20 cl de crème liquide. Salez et poivrez. Réservez au moins 2 heures au réfrigérateur. Simplissime.

• **Cake tout vert :** mélangez 150 g de farine, 1 sachet de levure, 3 œufs, 8 cl d'huile et 1 c. à c. de sel. Versez 15 cl de lait et 75 g de parmesan. Ajoutez 100 g de roquette hachée et 100 g de pistaches hachées. Mélangez. Versez dans un moule à cake et enfournez 30 minutes à 180 °C (th. 6). Servez avec une salade… de roquette.

• **Roulés de saumon à la roquette :** mélangez 100 g de fromage frais, le jus d'un demi-citron, 1 c. à c. de moutarde, 10 brins de ciboulette ciselée et 50 g de roquette hachée. Poivrez. Déposez 1 c. à s. de ce mélange sur 8 demi-tranches de saumon fumé. Roulez et fermez à l'aide d'une pique en bois.

L'astuce du maraîcher

La roquette a perdu de sa fraîcheur ? Vous pouvez la passer rapidement à la poêle et la servir pour accompagner une volaille ou un poisson.

LE CRESSON

Avec son goût puissant et son vert éclatant, le cresson a tout d'un séducteur. Fondant en velouté, il aromatise les purées et sa saveur piquante ravive les salades.

BIEN LE CHOISIR

Les feuilles du cresson doivent être bien vertes et serrées, non flétries ni jaunies.

CONNAÎTRE LES VARIÉTÉS

Le **cresson de fontaine** pousse dans l'eau. On le trouve sur les étals d'avril à octobre. Le **cresson alénois** se reconnaît à ses petites feuilles et à sa saveur plus piquante. Il est disponible toute l'année. Ne consommez pas le **cresson sauvage**, il peut être toxique.

COMMENT LE CONSERVER

Consommez-le au plus vite, le cresson est fragile. Pour prolonger sa fraîcheur, conservez-le dans un linge humide dans le bac à légumes du réfrigérateur 2 jours maximum. Vous pouvez aussi le mettre dans un verre d'eau (pensez à changer l'eau régulièrement).

SAVOIR LE PRÉPARER

Coupez les tiges au-dessus du lien de la botte. Lavez le cresson à l'eau froide. Égouttez-le délicatement.

POULET SAUTÉ SAUCE CRESSON

Pour 6 personnes

Préparation : 15 min. Cuisson : 40 min

❀ 1 botte de cresson ❀ 1 poulet ❀ 4 échalotes ❀ 3 c. à s. d'huile de tournesol ❀ 10 cl de vin blanc ❀ 80 g de beurre ❀ 4 c. à s. de farine ❀ 75 cl de bouillon de volaille ❀ 25 cl de crème fraîche ❀ sel et poivre

1. Coupez le poulet en morceaux. Pelez et hachez les échalotes. Dans une cocotte, faites revenir à feu doux les morceaux de poulet et les échalotes dans l'huile. Salez et poivrez. Ajoutez le vin blanc. Couvrez et laissez cuire doucement 40 minutes.

2. Préparez, lavez et égouttez le cresson.

3. Faites fondre 50 g de beurre à feu moyen. Baissez le feu, ajoutez la farine, une cuillère à la fois, en remuant sans cesse (le mélange ne doit pas roussir). Ajoutez le bouillon peu à peu. Poursuivez la cuisson 20 minutes à feu doux. Incorporez la crème. Salez et poivrez. Laissez cuire 10 minutes supplémentaires.

4. Pendant ce temps, faites blanchir le cresson 2 minutes dans de l'eau bouillante. Égouttez-le, puis hachez-le grossièrement. Incorporez le cresson haché dans la sauce et ajoutez 30 g de beurre coupé en morceaux.

5. Servez le poulet avec la sauce au cresson et des pommes de terre primeur sautées.

PLEIN D'IDÉES POUR LE CUISINER

• **Purée pomme de terre et cresson :** faites cuire 6 pommes de terre. Passez-les au moulin à légumes. Ajoutez 10 cl de lait et 30 g de beurre. Faites cuire 1 botte de cresson 5 minutes dans de l'eau bouillante avec un cube de bouillon de volaille. Égouttez et hachez le cresson. Incorporez-le à la purée. Ajoutez des amandes grillées hachées. Idéal pour accompagner une volaille ou un poisson.

• **Salade de cresson au citron et au chèvre :** lavez 1 botte de cresson et 50 g de roquette. Dans un saladier, mélangez le cresson et la roquette avec des dés de citron pelés à vif et des lamelles de crottin de Chavignol. Poivrez et arrosez d'huile d'olive.

• **Salade de cresson à la betterave :** mélangez des pommes de terre cuites coupées en rondelles, des lamelles de betterave, des cerneaux de noix et du cresson. Arrosez de vinaigrette huile de noix, échalotes et citron. Parsemez de ciboulette ciselée.

L'astuce du maraîcher

En salade, versez la vinaigrette au dernier moment pour éviter au cresson de ramollir.

LA MORILLE

Attendue avec impatience par les gastronomes, la morille sort son chapeau au début du printemps. Son parfum puissant sublime les risottos, les pâtes, les œufs brouillés ou encore les volailles.

BIEN LA CHOISIR

La morille doit être ferme et souple, pas visqueuse et sans taches. Les amateurs préfèrent les morilles plus foncées, au pied court. Leur saison est courte et s'étend de mars à mai.

COMMENT LA CONSERVER

Conservez les morilles 3 jours dans un torchon humide dans le bac à légumes du réfrigérateur.

SAVOIR LA PRÉPARER

La morille réclame une toilette complète. Sable et insectes viennent souvent s'installer dans ses alvéoles. Coupez-lui le pied et nettoyez chaque alvéole à l'aide d'un pinceau ou d'une brosse à dents. Rincez-la rapidement pour éviter qu'elle ne se gorge d'eau. Séchez-la délicatement.

CUISSON ET QUANTITÉ

10 minutes à la poêle
200 g de morilles pour un risotto ou des œufs brouillés pour 4 pers.

PINTADE AUX MORILLES

Pour 4 personnes

Préparation : 15 min. Cuisson : 1 h 10

❀ 200 g de morilles fraîches ❀ 1 pintade ❀ 1 poireau ❀ 1 oignon ❀ 2 carottes ❀ 40 g de beurre ❀ 2 c. à s. d'huile ❀ 30 cl de vin jaune du Jura ❀ thym et laurier ❀ 1 échalote ❀ 10 cl de bouillon de volaille ❀ 20 cl de crème liquide ❀ sel et poivre

1. Nettoyez méticuleusement les morilles. Rincez-les rapidement et égouttez-les. Faites-les cuire 2 minutes à l'eau bouillante salée. Égouttez-les et séchez-les.
2. Lavez le poireau. Épluchez l'oignon et les carottes. Émincez tous ces légumes.
3. Dans une grande cocotte, faites dorer la pintade à feu vif dans 30 g de beurre et 1 c. à s. d'huile. Salez et poivrez. Quand elle est dorée de tous côtés, ajoutez les légumes émincés et faites-les revenir 5 minutes. Versez 20 cl de vin jaune, ajoutez le thym et le laurier, couvrez et laissez cuire 1 heure à feu moyen.
4. Faites revenir les morilles 5 minutes à la poêle dans 10 g de beurre.
5. Dans une casserole, faites revenir l'échalote émincée dans 1 c. à s. d'huile. Ajoutez 10 cl de vin, le bouillon de volaille et la crème liquide. Laissez réduire 3 minutes puis ajoutez les morilles.
6. Servez la pintade avec la sauce aux morilles et des pâtes fraîches.

PLEIN D'IDÉES POUR LA CUISINER

• **Tagliatelles aux morilles et aux asperges :** faites cuire à l'eau bouillante salée 12 asperges vertes et égouttez-les. Faites revenir dans du beurre 1 échalote émincée et 150 g de morilles. Ajoutez 20 cl de vin blanc et 25 cl de crème fraîche. Salez et poivrez et laissez mijoter 10 minutes. Faites cuire 400 g de tagliatelles. Ajoutez les asperges à la sauce puis les tagliatelles. Servez avec des copeaux de parmesan.

• **Saint-Jacques aux morilles :** faites revenir 1 échalote émincée dans 25 g de beurre et ajoutez 150 g de morilles nettoyées, séchées et coupées en deux. Laissez cuire 5 minutes en remuant de temps en temps. Versez 4 c. à s. de porto et 15 cl de crème. Salez et poivrez. Laissez réduire 5 minutes. Nappez de cette sauce 12 noix de Saint-Jacques rapidement poêlées et saupoudrez de persil haché. Un bonheur pour les papilles.

L'astuce du maraîcher

Trop de morilles ? Faites-les sécher au four à 60 °C (th. 1), porte entrouverte, pendant 1 heure environ, jusqu'à ce qu'elles soient friables. Réduisez-les en poudre et conservez-les dans un bocal. Utilisez cette poudre magique pour parfumer sauces, pâtes ou veloutés.

LA FRAISE

Elle annonce l'arrivée des beaux jours, toute de rouge vêtue. Quoi de meilleur qu'une fraise nature trempée dans de la chantilly ? Mais sa saveur sucrée et acidulée apprécie aussi la compagnie des épices, des agrumes et des herbes fraîches.

BIEN LA CHOISIR

La taille et la couleur des fraises varient selon les variétés. Ce ne sont donc pas des critères de choix. Choisissez plutôt les fraises à leur parfum. Elles doivent aussi être de couleur uniforme et leur pédoncule doit être bien vert. Regardez sous la barquette et vérifiez qu'il n'y a pas de fraises écrasées.
On trouve des fraises de mars à octobre.

CONNAÎTRE LES VARIÉTÉS

Par ordre d'arrivée sur les étals :
La **gariguette** (de mars à juin) est la fraise vedette, juteuse, fondante, sucrée et acidulée. On l'adore !
La **ciflorette** (de mars à mi-mai) est une fraise précoce au parfum de fraise des bois. Elle est sucrée, acidulée et très parfumée.
La **cigaline** (d'avril à mai) est juteuse, sucrée et plus ferme que la gariguette.
La **pajaro** (d'avril à mai), ferme et légèrement sucrée, est parfois vendue sous le nom de « fraise de Carpentras ».
La **darselect** (d'avril à juin) est une variété à fruits ronds. Elle est ferme, juteuse, sucrée et acidulée.
La **mara des bois** (de mi-mai à octobre) possède une saveur proche de celle de la fraise des bois. Elle est sucrée et très parfumée. Un délice.

COMMENT LA CONSERVER

Conservez les fraises 2 jours maximum dans leur barquette dans le bac à légumes du réfrigérateur. Pensez à les sortir 15 minutes avant de les déguster pour qu'elles retrouvent tout leur parfum.

SAVOIR LA PRÉPARER

Mettez les fraises sans les équeuter dans une passoire et rincez-les rapidement à l'eau froide (ne les laissez pas tremper), puis égouttez-les. Équeutez-les au moment de servir ou de les cuisiner.

origine
Provence
catégorie
produit
variété
Ciflorette
calibre

TIRAMISU AUX FRAISES

Pour 6 personnes

Préparation : 20 min
Réfrigération : 3 h

- *1 kg de fraises*
- *150 g de sucre*
- *1 orange à jus*
- *300 g de biscuits à la cuillère*
- *4 œufs*
- *400 g de mascarpone*
- *10 cl de muscat*
- *1 pincée de sel*

1. Lavez rapidement les fraises et équeutez-les. Coupez-les en deux.

2. Préparez le coulis : mixez 200 g de fraises avec 30 g de sucre et le jus de l'orange.

3. Dans une assiette creuse, imbibez du coulis la moitié des biscuits à la cuillère. Tapissez-en le fond d'un plat.

4. Séparez les blancs des jaunes d'œufs. Fouettez les jaunes avec 120 g de sucre jusqu'à ce que le mélange blanchisse. Ajoutez le mascarpone, fouettez encore et versez le muscat.

5. Montez les blancs en neige avec une pincée de sel. Incorporez-les délicatement au mélange jaunes-mascarpone.

6. Versez la moitié de la crème sur les biscuits. Répartissez par-dessus la moitié des fraises. Répétez l'opération (biscuits, crème et fraises).

7. Réservez au moins 3 heures au réfrigérateur.

PLEIN D'IDÉES POUR LA CUISINER

VITE FAIT, BIEN FAIT !

• **Soupe pétillante de fraises à la menthe :** mixez 500 g de fraises équeutées avec 3 c. à s. de sucre, 1 c. à s. de miel et une vingtaine de feuilles de menthe. Ajoutez le jus d'un demi-citron et donnez un tour de moulin de poivre noir. Réservez 2 heures au réfrigérateur. Versez la soupe dans 4 assiettes, répartissez-y 50 cl de champagne. Décorez avec des feuilles de menthe et des fraises coupées en deux. Une soupe délicieusement rafraîchissante.

• **Sorbet express à la fraise :** mixez 500 g de fraises équeutées avec 40 g de sucre, le jus d'un demi-citron et 1 blanc d'œuf jusqu'à obtenir un mélange lisse. Versez dans un moule en silicone et laissez prendre au moins 12 heures au congélateur. Démoulez et dégustez !

• **Fraises surprise au chocolat :** faites fondre du chocolat pâtissier à feu doux au bain-marie jusqu'à obtenir un mélange lisse et homogène. Laissez-le tiédir. Tenez les fraises par leur pédoncule et plongez-les aux deux tiers dans le chocolat. Disposez les fraises à l'envers sur un plateau et réservez au moins 2 heures au réfrigérateur. Les enfants vont adorer. (Les parents aussi !)

LES BONNES ASSOCIATIONS

- Le chocolat, en fondue, avec d'autres fruits
- La menthe, mais aussi la coriandre et le basilic
- Le gingembre râpé, la cardamome, le poivre noir
- Le jus d'orange et de citron
- Le vinaigre balsamique
- Le miel, le sirop d'érable, l'eau de fleur d'oranger

L'astuce du maraîcher

Vous avez acheté des fraises qui manquent franchement de saveur ? Pour raviver leurs arômes, coupez-les en deux, saupoudrez d'un peu de poivre noir moulu et ajoutez quelques gouttes de vinaigre balsamique.

LE CITRON JAUNE

On ne peut pas s'en passer en cuisine : la pulpe acidulée du citron rehausse la saveur des fruits et réveille les poissons, les légumes et les viandes blanches. Glissé en zeste dans un osso-buco ou un risotto, il leur apportera une agréable pointe d'amertume. Bref, on l'adore !

BIEN LE CHOISIR

Optez pour un citron lourd en main et ferme au toucher. Son jaune doit être éclatant et sa peau sans taches.

CONNAÎTRE LES VARIÉTÉS

On trouve des citrons toute l'année sur les étals. En effet, les citronniers sont des arbres « remontants », c'est-à-dire qu'ils peuvent fleurir quatre fois dans l'année.
Le **verna** est d'un jaune intense, à la pulpe très juteuse et quasiment sans pépins. Il est récolté de février à décembre.
L'**eureka**, à la chair très juteuse, acide et parfumée, est disponible toute l'année.
L'**interdonato** est vendu uniquement en septembre et en octobre. Plus gros que les précédents, il a la peau fine et la chair moins juteuse.

COMMENT LE CONSERVER

Le citron se conserve 1 semaine à température ambiante et 3 ou 4 semaines dans le bac à légumes du réfrigérateur.

FONDANT AU CITRON ET AU GINGEMBRE

Pour 6 personnes

Préparation : 15 min. Cuisson : 30 min

❀ 2 citrons ❀ 3 œufs ❀ 150 g de beurre mou + 15 g pour le moule ❀ 150 g de sucre en poudre ❀ 200 g de farine ❀ 1/2 sachet de levure chimique ❀ 3 cm de gingembre frais ❀ sel ❀ sucre glace

1. Préchauffez le four à 180 °C (th. 6)

2. Prélevez les zestes des citrons. Plongez-les 1 minute dans une casserole d'eau bouillante. Égouttez-les et réservez-les. Recueillez le jus des citrons.

3. Séparez les blancs des jaunes d'œufs. Malaxez le beurre mou, ajoutez le sucre, fouettez et ajoutez les jaunes d'œufs l'un après l'autre sans cesser de fouetter. Versez la farine, la levure, le jus et les zestes des citrons et le gingembre râpé.

4. Montez les blancs d'œufs en neige avec une pincée de sel. Incorporez-les délicatement au mélange.

5. Versez la pâte dans un moule à manqué beurré. Enfournez 30 minutes. Vérifiez la cuisson avec la pointe d'un couteau.

6. Démoulez et laissez refroidir sur une grille. Recouvrez de sucre glace. Servez tiède.

PLEIN D'IDÉES POUR LE CUISINER

• **Ratatouille au citron :** quand vous préparez une ratatouille, ajoutez en début de cuisson un citron, de préférence bio, taillé en 6 quartiers. En fin de cuisson, le citron sera tellement tendre qu'on pourra le déguster tel quel, avec la peau.

• **Poulet grillé au citron :** la veille de votre barbecue, arrosez des morceaux de poulet de jus de citron et recouvrez de rondelles de citron. Laissez mariner une nuit. Le jour même, faites griller une dizaine de minutes de chaque côté. Le poulet sera doré et moelleux à la fois.

• **Citron surprise :** décalottez 4 gros citrons. Retirez la pulpe et réservez-la. Écrasez des sardines à l'huile égouttées (1 boîte) avec le jaune de 2 œufs durs et la moitié de la pulpe de citron. Ajoutez 3 c. à s. d'herbes hachées (persil, cerfeuil, basilic...) et 10 cl de fromage blanc. Remplissez les citrons du mélange, tassez. Coupez chaque citron en 4 rondelles épaisses. Un amuse-bouche à la présentation originale.

L'astuce du maraîcher

Si vous n'avez besoin que de quelques gouttes, percez un trou dans le citron à l'aide d'un cure-dents et prélevez le jus nécessaire. Rebouchez le trou avec le cure-dents et remettez le citron au réfrigérateur pour un usage ultérieur.

LA MANGUE

Petite fille du soleil, la mangue n'est que douceur : formes arrondies, couleurs dorées et saveurs sucrées. Juteuse et parfumée, elle fait merveille en dessert. Juste poêlée, elle se marie bien avec les volailles, les viandes blanches et les poissons.

BIEN LA CHOISIR

La couleur de la mangue ne doit pas vous influencer. Fiez-vous plutôt à sa souplesse (mais elle ne doit pas être molle) et à son parfum. On trouve maintenant des mangues toute l'année selon les variétés.

CONNAÎTRE LES VARIÉTÉS

Il existe des centaines de variétés de mangues. En France, on en trouve surtout 3 sur nos étals.
L'**amélie** (de mars à mi-mai) est une mangue ronde à la peau vert orangé, à la chair fondante et savoureuse.
La **kent** (de mi-avril à fin juin) est une grosse mangue, à la peau jaune verdâtre et rouge, très juteuse.
La **keitt** (de mai à mi-juillet), ovale, à la peau verdâtre et rose carmin, a une chair tendre et très fruitée.

COMMENT LA CONSERVER

La mangue vient des pays chauds. Évitez-lui le passage au réfrigérateur : elle craint les températures inférieures à 8 °C. Conservez-la au frais.

SAVOIR LA PRÉPARER

Tranchez la mangue de part et d'autre du noyau, le plus près possible de ce dernier.

Le saviez-vous ?

Le manguier – un arbre originaire d'Inde qui peut mesurer jusqu'à 35 m de haut – est vénéré par les Hindous. On raconte que c'est à l'ombre d'un manguier que Bouddha se recueillait et méditait avec ses disciples sur la destinée de l'homme.

VERRINES DE PANNA COTTA À LA MANGUE

Pour 4 personnes

Préparation : 15 min
Cuisson : 5 min
Réfrigération : 4 h

- *1 mangue*
- *6 feuilles de gélatine*
- *1 gousse de vanille*
- *10 cl de lait*
- *40 cl de crème liquide*
- *50 g de sucre en poudre*

1. Épluchez et coupez la mangue en dés. Mixez-les en purée.

2. Faites ramollir les feuilles de gélatine 5 minutes dans un saladier d'eau froide. Égouttez-les.

3. Fendez la gousse de vanille en deux dans la longueur, grattez l'intérieur.

4. Faites chauffer le lait, la gousse et les graines de vanille, la crème et le sucre jusqu'à ébullition. Retirez du feu. Enlevez la gousse de vanille.

5. Mettez les feuilles de gélatine bien égouttées dans la crème vanillée encore chaude. Remuez.

6. Répartissez la purée de mangue au fond de quatre verrines et recouvrez de la crème.

7. Laissez refroidir au réfrigérateur au moins 4 heures avant de déguster.

PLEIN D'IDÉES POUR LA CUISINER

VITE FAIT, BIEN FAIT !

• **Lassi épicé à la mangue :** coupez en dés 1 mangue bien mûre. Placez-les dans le bol du mixeur et ajoutez 50 cl de yaourt brassé, 30 cl de lait entier et quelques pincées d'épices (cumin, curry, massala, poivre noir...). Mixez le tout et servez cette boisson indienne bien fraîche pour accompagner des plats épicés.

• **Salade de mangue aux crevettes et à l'avocat :** coupez en dés 1 mangue, 1 oignon blanc et 6 crevettes roses cuites. Émincez 1 avocat. Mélangez le tout, arrosez de jus de citron vert et d'huile d'olive. Salez, poivrez ajoutez une pincée de piment et de la coriandre ciselée. Réservez au moins 30 minutes au réfrigérateur. Un délice.

• **Gratin de mangue :** coupez 2 mangues en dés. Arrosez de jus de citron vert. Mettez dans un moule à gratin. Recouvrez la mangue de 3 yaourts grecs fouettés avec 1 jaune d'œuf, 2 c. à s. de cassonade et 1 c. à s. de miel. Saupoudrez de 2 c. à s. de cassonade et de noix de coco râpée. Faites dorer quelques minutes sous le gril du four. Un dessert onctueux et caramélisé.

LES BONNES ASSOCIATIONS

- Le lait de coco et les épices (vanille, curry, massala, gingembre, poivre noir...)
- Les currys de viande ou de poisson
- Les volailles et les viandes blanches
- Le foie gras
- Le poisson fumé
- Les pommes et les poires
- Les agrumes
- Les autres fruits exotiques (ananas, noix de coco, goyave)
- Le fromage blanc et les yaourts

L'astuce du maraîcher

Pour accélérer son mûrissement, enfermez la mangue dans un sac plastique avec une pomme ou une banane et laissez mûrir 24 heures à température ambiante.

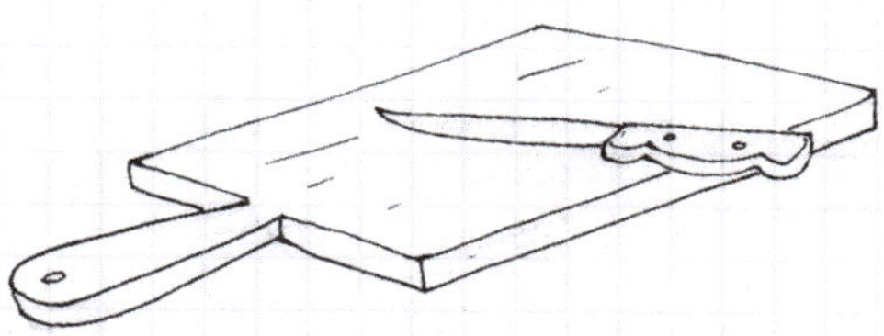

LA RHUBARBE

La rhubarbe ne laisse pas indifférent : on l'adore ou on la déteste ! Délicieuse en dessert avec des épices, elle surprend les papilles dans les préparations salées et peut même remplacer l'oseille pour accompagner le poisson.

BIEN LA CHOISIR

Les tiges de la rhubarbe doivent être bien fermes, cassantes et sans taches. Côté couleur, la rhubarbe doit afficher un beau vert bordé de rose. Pour savoir si elle est fraîche, cassez une tige : une sève épaisse doit s'écouler.
On trouve de la rhubarbe sur les marchés d'avril jusqu'à la fin de l'été.

COMMENT LA CONSERVER

La rhubarbe ne se conserve pas longtemps. Enveloppez-la dans un linge humide et ne la gardez pas plus de 3 à 4 jours dans le bac à légumes du réfrigérateur.

SAVOIR LA PRÉPARER

Coupez les extrémités, puis rincez les tiges de rhubarbe et séchez-les. Bien fraîche, elle n'a pas besoin d'épluchage. Sinon, pelez les tiges à l'aide d'un économe. Attention, n'oubliez pas de jeter les feuilles, elles sont toxiques. N'utilisez pas de casseroles en aluminium ou en cuivre : la rhubarbe brunirait à la cuisson.

TARTE À LA RHUBARBE AU GINGEMBRE

Pour 6 personnes

Préparation : 20 min. Cuisson : 50 min

❀ 800 g de rhubarbe ❀ 3 cm de gingembre frais ❀ 200 g de sucre en poudre ❀ 3 œufs ❀ 1 c. à s. de farine ❀ 30 cl de crème liquide ❀ 10 g de beurre ❀ 1 pâte brisée prête à l'emploi ❀ 5 petits-beurre

1. Préchauffez le four à 180 °C (th. 6).

2. Nettoyez la rhubarbe, épluchez-la, rincez-la, puis coupez les tiges en morceaux. Épluchez et râpez le gingembre.

3. Faites cuire la rhubarbe 15 minutes à feu doux dans une casserole avec 100 g de sucre, 10 cl d'eau et le gingembre râpé. Mélangez de temps en temps.

4. Placez dans le bol du mixeur 1 jaune d'œuf et 2 œufs entiers, 100 g de sucre, la farine et la crème liquide. Mixez rapidement.

5. Étalez la pâte brisée dans un moule à tarte beurré. Émiettez les petits-beurre sur le fond de tarte. Versez la rhubarbe sur les biscuits émiettés. Recouvrez du mélange aux œufs.

6. Enfournez 40 minutes, jusqu'à ce que la tarte soit bien dorée. Servez tiède avec de la glace à la vanille.

PLEIN D'IDÉES POUR LA CUISINER

- **Foie gras poêlé aux dés de rhubarbe :** faites revenir pendant 5 minutes 400 g de dés de rhubarbe dans du beurre avec du gingembre frais râpé. Ajoutez le jus d'une orange et 50 g de sucre. Poursuivez la cuisson 10 minutes. Servez avec des escalopes de foie gras poêlées.

- **Far à la rhubarbe :** faites bouillir 1 l de lait avec 1 gousse de vanille fendue en deux. Laissez infuser. Faites cuire 700 g de rhubarbe coupée en dés 10 minutes avec 100 g de sucre et 1 c. à s. d'eau. Dans un saladier, cassez 4 œufs et ajoutez 30 g de beurre fondu, 150 g de sucre, 1 pincée de sel, mélangez énergiquement, puis incorporez 200 g de farine, le lait tiède (débarrassé de la vanille) et 5 cl de rhum. Fouettez de nouveau. Étalez la rhubarbe dans un plat à gratin beurré et recouvrez-la de la pâte. Enfournez 50 minutes à 180 °C (th. 6).

L'astuce du maraîcher

C'est pour son acidité qu'on l'adore, mais certains peuvent y être réfractaires. Pour l'atténuer, faites blanchir la rhubarbe 3 minutes à l'eau bouillante avant de la cuisiner.

Chez le boucher

LE CANARD

La chair savoureuse du canard se prête à mille et une recettes et à tous les modes de cuisson. Une volaille tendre qui permet de beaux accords sucrés-salés.

Comment le choisir ?

Le canard doit être dodu avec une peau fine, souple et claire. La partie inférieure du bec et les pointes des ailes doivent être flexibles. Privilégiez les canards Label rouge.

Les bons morceaux

Les aiguillettes, les magrets et les filets.

Conservation

3 jours maximum au réfrigérateur.

Des idées pour le cuisiner

Canard laqué : mélangez 6 c. à s. de sauce soja, 6 c. à s. de miel liquide, 1 c. à c. de vinaigre blanc, 1 c. à c. d'huile de sésame, 2 gousses d'ail hachées, 1 c. à s. de cinq épices et 2 gouttes de colorant rouge. Badigeonnez de ce mélange un canard préalablement piqué à la fourchette et laissez mariner au moins 6 heures.
Faites-le cuire à la broche 1 heure 15 en l'arrosant régulièrement.

LE VEAU

Les veaux « élevés sous la mère » sont nourris du lait de leur mère jusqu'à leur abattage à moins de 6 mois. Mai est le meilleur mois pour déguster le veau : profitez-en, il est tendre à souhait.

Comment le choisir ?

La viande doit être rosée et satinée, à grain serré, moelleuse au toucher.

Les bons morceaux

À poêler, rôtir ou griller : noix, noix pâtissière et filet.
À mijoter : jarret et tendrons.

Conservation

3 jours dans son emballage d'origine au réfrigérateur.

Des idées pour le cuisiner

Rôti de veau au lait : dans une cocotte, faites dorer dans du beurre un rôti de veau dans la noix. Ajoutez 2 oignons et 1 carotte émincés, du laurier et du romarin, 1 pincée de quatre-épices. Salez, poivrez, couvrez et laissez cuire 30 minutes à feu doux. Versez 1 l de lait chaud et 3 c. à s. de crème fraîche. Couvrez et laissez mijoter 1 heure à feu doux.

LE PIGEON

Cette petite volaille à la chair très fine constitue un mets raffiné si elle est très jeune (sinon, elle est dure et coriace). Glissez le pigeon dans votre panier au printemps, lorsque sa chair est la plus savoureuse.

Comment le choisir ?

Choisissez des pigeons à la chair rosée lavée de bleu, avec un gros bec et une peau claire. Préférez des pigeonneaux jeunes : ils sont plus tendres.

Conservation

2 jours dans un torchon au réfrigérateur.

Des idées pour le cuisiner

Le pigeon se cuisine rôti, braisé et est également délicieux dans la pastilla marocaine.

Pigeon de printemps aux petits pois : salez, poivrez et frottez l'intérieur de 4 pigeons de basilic. Dans une cocotte, faites revenir dans du beurre 2 oignons émincés puis faites dorer les pigeons sur toutes leurs faces. Versez 10 cl de vin blanc et 10 cl de bouillon de volaille et poursuivez la cuisson 15 minutes. Ajoutez 500 g de petits pois écossés. Salez, poivrez, couvrez et laissez mijoter 30 minutes.

L'AGNEAU

Pour mériter son nom, l'agneau ne doit pas être âgé de plus de 300 jours. Sa viande moelleuse et raffinée est encore plus tendre au printemps si on opte pour un agneau de lait élevé sous la mère.

Comment le choisir ?

Grain serré et graisse bien blanche sont des gages de qualité. Privilégiez les agneaux bénéficiant d'une AOC ou d'une IGP (indication géographique protégée).

Les bons morceaux

Le baron, le carré, le gigot, la selle.

Conservation

4 jours dans son emballage d'origine au réfrigérateur.

Des idées pour le cuisiner

Gigot de 7 heures : salez et poivrez un gigot, faites-le revenir dans de l'huile à feu vif dans une cocotte. Réservez. Tapissez le fond de la cocotte de 4 carottes et 3 oignons coupés en morceaux. Posez le gigot par-dessus. Entourez-le de 4 têtes d'ail entières. Ajoutez 1 bouquet garni, 50 cl de vin blanc, 20 cl de bouillon de volaille et 10 cl de cognac. Mettez la cocotte au four à 150 °C pendant 5 heures. Surveillez la cuisson et ajoutez de l'eau si nécessaire.

Chez le poissonnier

LE CABILLAUD

Poisson maigre qui vit dans les eaux très froides, le cabillaud peut mesurer jusqu'à 1,80 m. En tranches ou en filets, sa chair blanche et savoureuse se prête à toutes les préparations : au court-bouillon, pochée, poêlée, au four ou en papillote. Salé et séché, le cabillaud prend le nom de morue.

Comment le choisir ?

Un cabillaud bien frais possède des écailles bien adhérentes, une robe brillante brun doré et un œil vif.

Conservation

2 jours au réfrigérateur.

Des idées pour le cuisiner

Quel que soit le mode de cuisson choisi, préférez les sauces discrètes qui ne masqueront pas sa délicatesse. Vous pouvez poêler des pavés de cabillaud 3 minutes de chaque côté dans l'huile d'olive et les servir avec des navets glacés ou du fenouil sauté. On se régalera aussi de cabillaud en papillote avec des légumes de saison et des zestes de citron confit ou en cocotte avec des pommes de terre, du vin blanc, des oignons et des tomates.

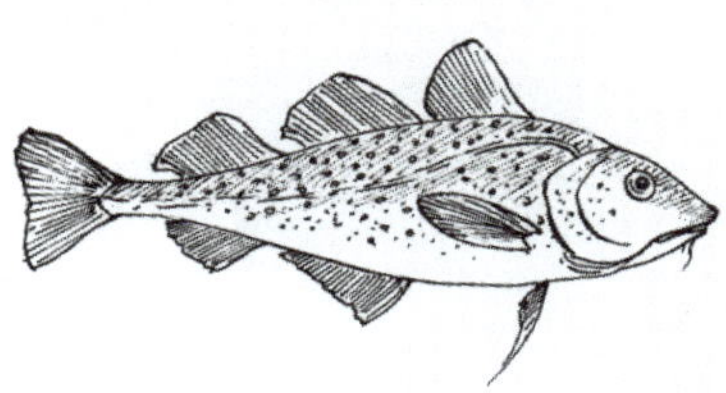

LE MAQUEREAU

Le maquereau ne se déguste pas qu'en conserve. Frais, ce poisson gras aux reflets argentés possède une chair délicate et une saveur typée. Petit, il prend le nom de lisette et il est encore meilleur !

Comment le choisir ?

Le maquereau doit être bien rigide, avoir l'œil brillant et des reflets argentés.

Conservation

Pas plus de 2 jours au réfrigérateur.

Des idées pour le cuisiner

Poêlé, en papillote, au court-bouillon, à la vapeur, grillé ou au barbecue, le maquereau aime tous les modes de cuisson. Il apprécie la compagnie du vin blanc et de la moutarde et sera délicieux en rillettes avec une pointe de curry.

Maquereaux à la moutarde : mélangez 4 c. à s. de moutarde, 20 cl de crème fraîche, un demi-bouquet de persil plat ciselé et le jus d'un citron. Tapissez le fond d'un plat à four beurré d'oignons émincés. Posez 4 maquereaux par-dessus. Recouvrez de la sauce à la moutarde. Salez et poivrez. Enfournez 20 minutes à 200 °C (th. 6-7).

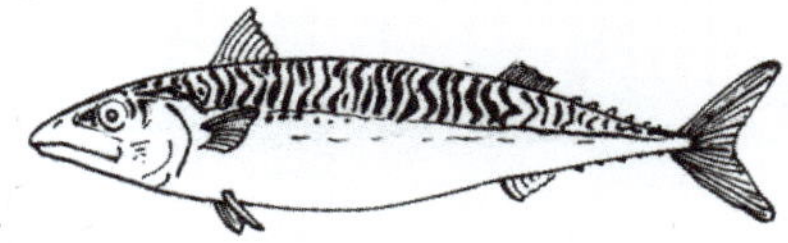

LA CREVETTE

Vedette de la cuisine asiatique, la crevette aime le lait de coco, le gingembre et les marinades avant d'être grillée ou sautée.

Comment la choisir ?

Elle doit être bien vivace, posséder une carapace brillante et ne pas sentir l'ammoniac.
Crevette rose (ou bouquet) : 7 à 12 cm. Chair savoureuse et parfumée, carapace d'un gris luisant, marquée de taches brunes.
Crevette grise : 3 à 6 cm : chair savoureuse, carapace d'un gris verdâtre.
Crevette géante (ou gambas) : 15 à 20 cm. Chair ferme.

Conservation

2 jours au réfrigérateur.

Des idées pour la cuisiner

Une fois cuite à l'eau bouillante, elle s'invite en salade avec de l'avocat et du pomelo ou avec du concombre, des radis roses et de la menthe fraîche.

Gambas grillées à la mangue : faites saisir 12 gambas dans de l'huile d'olive avec 1 c. à c. de cassonade, 2 minutes sur chaque face. Dans un saladier, mélangez 200 g de pousses d'épinard et une mangue coupée en dés. Ajoutez les gambas et arrosez d'une vinaigrette au jus d'orange. Parsemez de basilic ciselé et servez frais.

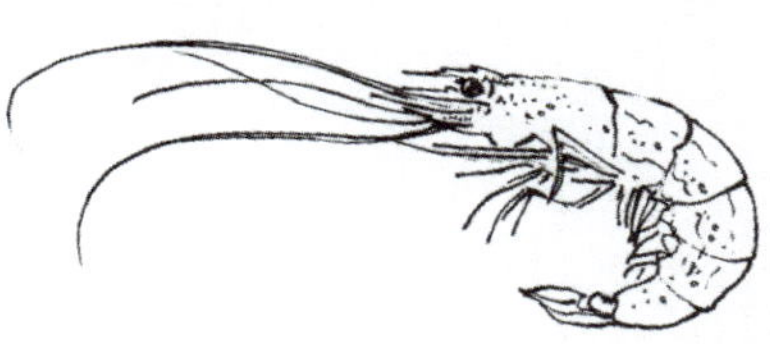

LA LOTTE

Ne vous arrêtez pas à son apparence car la lotte, appelée aussi baudroie, compense son aspect hideux par des trésors gourmands : sa chair ferme, savoureuse et raffinée fait le bonheur des gourmets.

Comment la choisir ?

Choisissez une lotte à la chair ferme, très blanche, presque nacrée.

Conservation

2 à 3 jours au réfrigérateur.

Des idées pour la cuisiner

Sautée, rôtie, en brochette, en cocotte, grillée, pochée : tout est permis avec la lotte. Si vous trouvez du foie de lotte, n'hésitez pas : d'une très grande finesse, il est surnommé le « foie gras de la mer ».

Bourride de lotte à la sétoise : faites suer 5 minutes dans de l'huile d'olive 1 poireau, 1 oignon et 3 carottes coupés en rondelles. Recouvrez de 1 l d'eau bouillante et de 10 cl de vin blanc. Ajoutez une queue de lotte coupée en morceaux. Laissez cuire 10 minutes, puis réservez le poisson. Pendant ce temps, préparez un aïoli. Incorporez-le au court-bouillon en fouettant. Nappez le poisson du court-bouillon et servez avec du pain grillé.

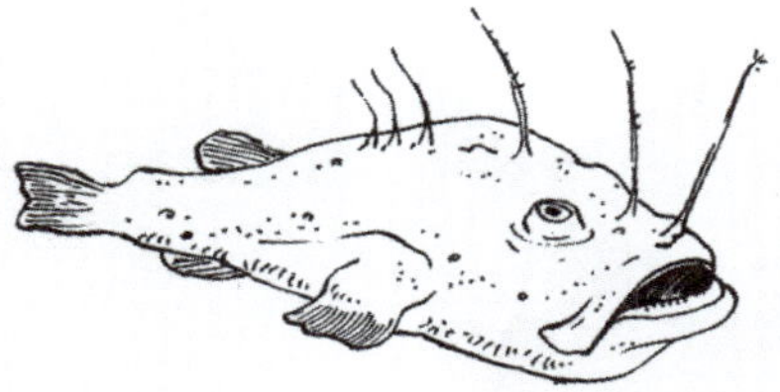

Chez le fromager

LE BRIE DE MEAUX

Fromage AOC au lait cru de vache, le brie de Meaux était apprécié par l'empereur Charlemagne. Sa fine saveur de noisette et son goût fruité s'épanouiront dans les salades ou les feuilletés.

Comment le choisir ?
Sa croûte blanche duveteuse doit être parsemée de pigments rougeâtres et sa pâte jaune paille doit être onctueuse mais non coulante.

Conservation
Pas assez affiné ? Gardez-le dans une boîte hermétique à température ambiante. S'il est bien affiné, conservez-le 10 jours au réfrigérateur dans son emballage.

Des idées pour le cuisiner
En salade avec des noix ; en gougère avec des poireaux ; sur du pain complet, avec des poires ; en croquettes ou en feuilleté.

Croque-briard : écrasez 125 g de brie et malaxez-le avec 75 g de beurre mou. Salez peu et poivrez. Étalez ce mélange entre deux tranches de pain de mie beurrées à l'extérieur. Placez le croque-briard dans un plat à four beurré et faites dorer 5 minutes à four très chaud.

LE CROTTIN DE CHAVIGNOL

Petit fromage au lait cru de chèvre, AOC depuis 1976, le crottin de Chavignol tire son nom d'un village situé près de Sancerre, dans le Berry. C'est l'un des rares fromages à pouvoir être consommé à différents stades d'affinage : frais, demi-sec, sec, très sec, faites votre choix !

Comment le choisir ?
La croûte doit présenter des moisissures blanches ou bleuâtres. La pâte peut être cassante s'il est très affiné.

Conservation
S'il est recouvert d'une croûte à fleur bleue, enveloppez-le d'aluminium ou glissez-le dans une boîte pas complètement fermée dans la partie la moins froide du réfrigérateur. Vous pouvez le conserver jusqu'à 3 semaines.

Des idées pour le cuisiner
Il s'apprécie rôti avec du thym, accompagné d'une salade verte aux lardons. Essayez-le également gratiné et nappé de miel et de piment d'Espelette sur une tartine ; dans un gratin de brocoli ou de blette ; poêlé avec du miel et des pommes ; dans une Tatin d'endives ou un brick aux poires.

LE ROQUEFORT

L'origine du roquefort serait due à un heureux hasard : selon la légende, un berger amoureux, pressé de suivre une bergère, aurait oublié du pain et du fromage de brebis dans une grotte. Quand il revint, il goûta le fromage couvert de moisissures et s'en régala. Le roquefort était né !

Comment le choisir ?

Sa pâte doit être onctueuse, veinée de bleu ou de vert, et sa croûte, ivoire et légèrement humide, ne doit pas être friable. Il dégage une légère odeur de moisissure.

Conservation

3 semaines dans son emballage d'origine ou de l'aluminium dans le bas du réfrigérateur, entre 4 °C et 6 °C. Sortez-le 1 heure avant de le déguster.

Des idées pour le cuisiner

Le roquefort aime la compagnie des fruits : les pommes et les poires bien sûr, mais aussi les abricots et les figues. On l'associe également avec des endives, des noix, de la mâche, des pignons, du céleri branche.

En sauce, il accompagne les viandes, les pâtes et les poissons. Ses saveurs corsées font aussi merveille dans les gratins, les quiches ou les soufflés.

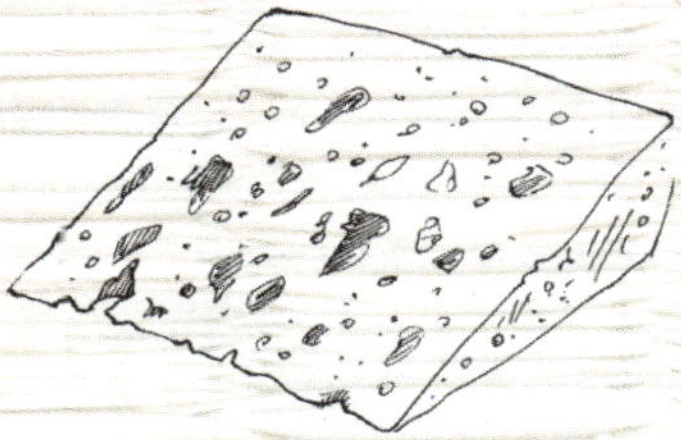

L'OSSAU-IRATY

Fromage au lait cru de brebis, à pâte pressée non cuite, l'ossau-iraty servit d'abord de casse-croûte aux bergers des montagnes du Béarn et du Pays basque. Son goût délicatement typé s'associe parfaitement avec les spécialités locales : jambon de Bayonne, piment d'Espelette ou poivrons marinés.

Comment le choisir ?

Il doit avoir une croûte épaisse oscillant entre le jaune orangé et le gris. Ferme au toucher, sa pâte lisse affiche une couleur ivoire.

Conservation

Entier, il se conserve plusieurs semaines dans un endroit frais et aéré. Tranché, il se garde 2 semaines dans le bas du réfrigérateur, enveloppé d'un film alimentaire.

Des idées pour le cuisiner

En tapas, il se décline à l'infini : avec des rondelles de kiwi et du piment d'Espelette ; des tranches de figues ; des lanières de poivrons marinés ; des pointes d'asperges et du lard fumé ; enroulé dans du jambon de Bayonne ou des tranches d'aubergine grillées… Sec et râpé, il donne un goût original aux soupes, aux risottos et aux gratins. En fin de repas, dégustez-le avec une confiture de cerise noire.

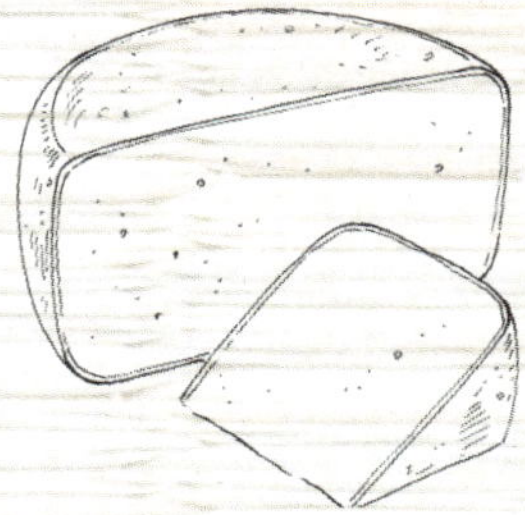

Été

Le soleil est enfin de retour, on flâne avec bonheur entre les étals colorés et parfumés, on se remet à penser aux grandes tablées estivales. Les tomates, les aubergines, les tartares et les carpaccios sont à l'honneur. C'est le moment de concocter des petits plats légers, rafraîchissants et faciles à préparer.

LA TOMATE

La tomate revient en force sur les étals avec le retour de variétés anciennes tout en saveurs et en couleurs. Rouges, jaunes, violettes ou vertes, on n'imagine pas une salade d'été sans tomates. Et on profite de la pleine saison pour les déguster en terrine, en tartare ou en gaspacho.

BIEN LA CHOISIR

Choisissez des tomates souples au toucher, parfumées et à la peau lisse et brillante. Selon les variétés, elles seront plus ou moins colorées, fermes ou charnues. Les différentes variétés de tomates sont vendues de mai à septembre.

CONNAÎTRE LES VARIÉTÉS

L'**olivette** (ou **roma**) est une tomate oblongue, pulpeuse et peu juteuse. Elle est idéale pour les coulis et les sauces.
La **tomate cerise**, acidulée et sucrée, est parfaite pour les salades, les pâtes ou en brochettes à l'apéritif.
La **cœur de bœuf** est une variété ancienne, finement côtelée, à la chair rose très savoureuse. Elle est excellente farcie au four, mais aussi en salade.
La **marmande** est une tomate côtelée à la chair parfumée. Elle est recommandée pour les tomates farcies, crues ou cuites.

COMMENT LA CONSERVER

La tomate craint le froid et perd ses arômes au réfrigérateur. Conservez-les de préférence à température ambiante, jusqu'à 4 jours.

SAVOIR LA PRÉPARER

Rincez les tomates à l'eau froide, puis retirez le pédoncule. Pour certaines recettes, il est nécessaire de les peler et de les épépiner.

CUISSON ET QUANTITÉ

2 heures au four à 120 °C
En dés, 10 minutes à la poêle
2 par pers. pour des tomates farcies
et 6 tomates pour une salade pour 4 pers.

Le saviez-vous ?

La tomate a été rapportée d'Amérique centrale par Christophe Colomb. Longtemps considérée comme toxique, elle fut utilisée comme plante médicinale et d'ornement. En France, elle ne fut adoptée en cuisine que dans les années 1920.

TERRINE DE TOMATE AU CHÈVRE FRAIS

Pour 4 personnes

Préparation : 20 min
Cuisson : 2 h
Réfrigération : 12 h

- *1 kg de tomates*
- *huile d'olive*
- *50 g de sucre*
- *thym*
- *sel et poivre*
- *400 g de chèvre frais*
- *1 bouquet de basilic*
- *4 c. à s. de moutarde*
- *½ c. à c. de piment d'Espelette*

1. Préchauffez le four à 150 °C (th. 5).

2. Incisez les tomates en croix et plongez-les 1 minute dans une casserole d'eau bouillante. Égouttez-les, passez-les sous l'eau froide et épluchez-les. Coupez-les en quartiers.

3. Déposez les quartiers de tomate face bombée vers le haut sur la plaque du four recouverte de papier sulfurisé. Arrosez d'huile d'olive, de sucre et de thym émietté. Passez 2 heures au four. Laissez refroidir. Salez et poivrez.

4. Lavez, séchez et ciselez le bouquet de basilic. Mélangez le chèvre frais, le basilic ciselé et la moutarde. Salez. Ajoutez 1 c. à c. d'huile d'olive et le piment d'Espelette. Mélangez.

5. Chemisez un moule à terrine avec du film alimentaire en laissant dépasser un grand morceau. Alternez une couche de tomates confites et une couche de chèvre. Répétez l'opération jusqu'à épuisement des ingrédients en terminant par les tomates. Arrosez avec le jus de cuisson des tomates.

6. Tassez avec le dos d'une cuillère. Rabattez le film alimentaire sur la terrine et fermez avec un couvercle. Posez une boîte de conserve par-dessus.

7. Placez une nuit au réfrigérateur. Servez avec un coulis de tomate.

PLEIN D'IDÉES POUR LA CUISINER

VITE FAIT, BIEN FAIT !

• **Tartare de thon à la tomate :** mélangez 6 c. à s. d'huile d'olive, 2 c. à s. de vinaigre de Xérès, 2 cl de pastis, un peu de Tabasco et une gousse d'ail hachée. Coupez en dés 2 tomates, 500 g de thon et un demi-concombre. Faites mariner séparément le thon et les légumes dans la vinaigrette pendant 2 heures. Mélangez et servez dans une verrine avec du pain grillé.

• **Tarte à la tomate :** abaissez une pâte feuilletée dans un moule à tarte recouvert de papier cuisson. Piquez la pâte à la fourchette. Badigeonnez le fond de tarte de moutarde forte. Recouvrez de lamelles de cantal. Disposez par-dessus des rondelles de tomate de 0,5 cm d'épaisseur. Salez et poivrez. Versez sur les tomates un œuf battu mélangé à 15 cl de crème fraîche. Recouvrez de lamelles de cantal. Faites cuire 25 minutes au four à 180 °C (th. 6).

• **Salade de tomates à la marocaine :** passez un poivron vert et un poivron rouge sous le gril du four, puis enfermez-les dans un sac plastique. Épluchez-les et coupez-les en lanières. Ébouillantez 3 tomates. Épluchez-les, épépinez-les et coupez-les en petits dés. Retirez les pépins d'un concombre et coupez-le en dés. Émincez un oignon rouge. Mélangez les légumes avec une vinaigrette à base d'huile d'olive, de citron et de cumin. Saupoudrez de persil plat haché et servez bien frais.

LES BONNES ASSOCIATIONS

- Les crudités et les autres légumes d'été (courgettes, aubergines, poivrons)
- Le veau, le poulet, l'agneau
- Les poissons, les coquillages et les crustacés
- Les pâtes, le riz, les œufs
- Le persil, l'estragon, le basilic, la ciboulette
- L'ail et l'oignon
- Les fromages frais (chèvre, mozzarella), le bleu et le roquefort

Crues, farcies avec des crevettes ou du crabe

Cuites, farcies avec du riz, de la viande ou du poisson

En gaspacho, avec du concombre et de l'ail

En marmite avec du thon, des oignons et des poivrons

L'astuce du maraîcher

Incisez les tomates en croix sur le dessus, plongez-les 1 minute dans de l'eau bouillante, puis dans un saladier d'eau glacée : ainsi, vous les éplucherez facilement.

LE HARICOT VERT

Sa saison est courte : le haricot vert est un délice d'été à ne pas manquer. Tiède ou froid, on l'aime en salade avec des fines herbes et des crudités. Sauté, il apprécie la compagnie du poulet et des autres légumes de saison.

BIEN LE CHOISIR

Choisissez des haricots verts bien fermes, verts et sans fils. La saison des haricots verts s'étend de juin à septembre.

CONNAÎTRE LES VARIÉTÉS

Les **haricots filets** ont une gousse longue, lisse et fine, d'un beau vert foncé. Ils se tiennent très bien à la cuisson. Ils sont récoltés jeunes pour éviter l'apparition de fils. Les **haricots mange-tout** ont une gousse charnue, sans fils, verte ou jaune (haricot beurre).

COMMENT LE CONSERVER

Les haricots verts se conservent 3 jours dans le bac à légumes du réfrigérateur.

SAVOIR LE PRÉPARER

Rincez les haricots, cassez les deux extrémités et retirez les fils.
Pour qu'ils conservent leur couleur après cuisson, égouttez-les puis plongez-les dans de l'eau glacée.

CUISSON ET QUANTITÉ

5 minutes à l'autocuiseur
10 minutes à l'eau bouillante salée
800 g pour 4 pers. en accompagnement

HARICOTS VERTS SAUTÉS AU POULET

Pour 4 personnes

Préparation : 15 min. Cuisson : 20 min
Marinade : 30 min

❀ 4 blancs de poulet ❀ 5 c. à s. de sauce soja ❀ 1 c. à s. d'huile ❀ 1 c. à c. de sucre ❀ 1 citron ❀ 700 g de haricots verts ❀ 2 oignons ❀ 1 petite boîte de pousses de bambou ❀ sel et poivre

1. Coupez les blancs de poulet en fines lanières. Faites-les mariner avec 3 c. à s. de sauce soja, 1 c. à s. d'huile, du poivre, 1 c. à c. de sucre et 3 c. à c. de jus de citron. Réservez au réfrigérateur au moins 30 minutes.

2. Lavez et équeutez les haricots et faites-les cuire à l'autocuiseur. Passez-les sous l'eau froide, égouttez-les et coupez-les en morceaux.

3. Dans un wok, faites revenir dans de l'huile 2 oignons émincés. Versez la marinade, laissez réduire et ajoutez le poulet. Laissez cuire 5 minutes et ajoutez les haricots verts et les pousses de bambou. Ajoutez 2 c. à s. de sauce soja. Salez, poivrez, mélangez et poursuivez la cuisson 7 à 8 minutes.

PLEIN D'IDÉES POUR LE CUISINER

• **Poêlée de haricots verts à la moutarde** : faites cuire 500 g de haricots verts à l'autocuiseur. Passez-les sous l'eau glacée rapidement et égouttez-les. Dans une poêle, faites revenir 1 oignon émincé et 1 gousse d'ail hachée dans un peu d'huile jusqu'à ce que l'oignon devienne translucide. Ajoutez les haricots verts et faites-les revenir 10 minutes. Salez et poivrez. En fin de cuisson, ajoutez 2 c. à s. de moutarde à l'ancienne, mélangez, puis ajoutez 2 c. à s. de crème fraîche. Délicieux avec une volaille ou une viande blanche.

• **Salade de haricots verts au foie gras** : faites cuire 500 g de haricots verts à l'autocuiseur. Passez-les sous l'eau glacée et égouttez-les. Émincez 3 échalotes. Découpez des tranches de foie gras en lamelles. Mélangez les haricots tièdes avec les échalotes et une vinaigrette. Ajoutez les lamelles de foie gras et mélangez délicatement. Servez immédiatement. Miam, le foie gras fond sur les haricots verts...

L'astuce du maraîcher

Pensez à humidifier les haricots verts avant de les glisser au réfrigérateur, ils se conserveront plus longtemps.

L'AUBERGINE

Ses courbes sensuelles invitent au péché de gourmandise. Succombez à ses charmes : l'aubergine est délicieuse mijotée, grillée, confite au four ou sautée. Elle devient alors moelleuse et fondante et tout simplement irrésistible.

BIEN LA CHOISIR

L'aubergine doit être bien ferme au toucher. Vérifiez que sa peau est bien lisse, brillante et sans taches. Sachez que plus l'aubergine est jeune, moins elle contient de graines et moins sa chair est amère. Juillet et août sont ses mois de prédilection.

CONNAÎTRE LES VARIÉTÉS

La **violette longue**, de couleur pourpre, est la plus courante.
L'**aubergine italienne** est plus petite et possède une saveur délicate.
L'**aubergine blanche** a une saveur fine et une chair plus compacte.
La **violette de Florence** possède une chair ferme et légèrement sucrée.
La **graffiti**, à la peau striée, a une saveur proche de la violette longue.

COMMENT LA CONSERVER

Les aubergines se conservent 1 semaine dans le bac à légumes du réfrigérateur.

SAVOIR LA PRÉPARER

Rincez les aubergines à l'eau, puis séchez-les et retirez leur pédoncule. Pour éviter qu'elle ne s'oxyde, citronnez la chair des aubergines avant de la cuisiner.
L'aubergine absorbe le gras. Pour ne pas vider la bouteille d'huile, badigeonnez les rondelles d'aubergine d'huile avant de les poêler.

CUISSON ET QUANTITÉ

8 minutes à l'autocuiseur
30 minutes au four à 180 °C (1 heure si l'aubergine est entière)
10 minutes à la poêle
1 kg pour 4 pers. en accompagnement

Le saviez-vous ?

L'aubergine appartient à la famille des solanacées, une famille de légumes suspectés des pires maux. L'aubergine a longtemps été surnommée mala insana, *« la plante qui rend fou ».*

AUBERGINES À LA TURQUE

Pour 6 personnes

Préparation : 30 min
Cuisson : 40 min

- *3 grosses aubergines*
- *3 gros oignons*
- *2 gousses d'ail*
- *persil plat*
- *500 g de tomates*
- *1 c. à c. de cumin*
- *1 c. à c. de sucre*
- *1 c. à s. de pignons*
- *2 citrons*
- *huile d'olive*
- *sel et poivre*

1. Lavez les aubergines. Coupez-les en deux dans le sens de la longueur. Évidez l'aubergine à l'aide d'une cuillère, en laissant 5 mm de chair tout autour. Laissez dégorger la chair dans de l'eau salée pendant 15 minutes. Égouttez soigneusement.

2. Épluchez et émincez les oignons et les gousses d'ail. Hachez le persil. Ébouillantez les tomates 1 minute, épluchez-les, épépinez-les et coupez-les en dés.

3. Faites chauffer dans une poêle 2 c. à s. d'huile d'olive et faites-y revenir les oignons, l'ail et les tomates. Ajoutez la chair des aubergines, le cumin, le sucre, le persil et les pignons hachés. Salez, poivrez et laissez cuire 15 minutes à feu doux.

4. Préchauffez le four à 180 °C (th. 6).

5. Remplissez les aubergines de la farce. Disposez-les dans un plat huilé et arrosez-les de jus de citron. Enfournez et laissez cuire 20 minutes.

PLEIN D'IDÉES POUR LA CUISINER

VITE FAIT, BIEN FAIT !

• Wok d'aubergines au porc et au curry vert : dans un wok, faites chauffer 1 c. à s. d'huile, ajoutez 2 c. à s. de pâte de curry vert et faites chauffer 3 minutes sans cesser de remuer. Ajoutez 50 cl de lait de coco. Portez à ébullition, puis incorporez 500 g de porc haché, 2 c. à s. de sauce nuoc mam et 1 c. à s. de sucre. Laissez mijoter 5 minutes et ajoutez 400 g d'aubergines coupées en dés. Laissez cuire 10 à 15 minutes, jusqu'à ce que les aubergines soient tendres.

• Aubergines frites aux épices : mélangez 100 g de farine avec ½ c. à c. de curcuma, ½ c. à c. de curry et ½ c. à c. de garam massala. Salez. Coupez des aubergines en rondelles de 5 mm d'épaisseur. Passez-les dans la farine épicée et faites-les dorer quelques minutes dans de l'huile d'olive très chaude (mais non fumante). Égouttez sur plusieurs couches de papier absorbant et servez immédiatement. Un délice, à déguster avec les doigts !

• Salade aubergines-tomates-oignons : faites cuire 2 aubergines coupées en dés 10 minutes à la vapeur. Égouttez. Coupez 2 tomates et 2 oignons blancs en dés, écrasez une gousse d'ail et émincez un petit piment. Mélangez l'ensemble avec les dés d'aubergine. Préparez une vinaigrette avec de l'huile d'olive et du citron. Ajoutez une pincée de cumin et salez. Parsemez de coriandre ciselée au moment de servir.

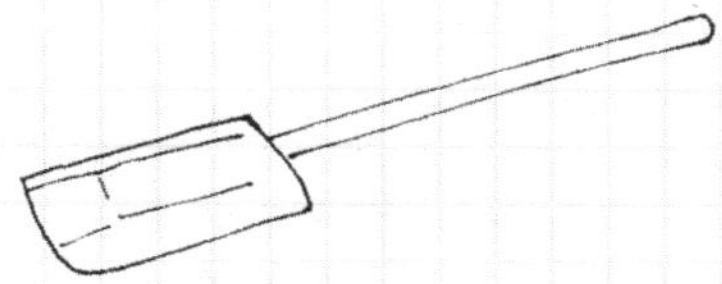

LES BONNES ASSOCIATIONS

- La tomate, mais aussi le poivron et la courgette, en ratatouille ou en tian de légumes
- L'huile d'olive (sautées, en friture, en beignets ou en salade)
- L'agneau, en tajine ou en moussaka
- L'ail (en caviar d'aubergine ou sautées) et l'oignon
- Le basilic, la menthe, le persil plat, la coriandre, le romarin
- Le cumin, le curcuma, le ras-el-hanout, la cannelle
- Le parmesan ou la mozzarella dans un gratin

L'astuce du maraîcher

Pour qu'elles s'imbibent moins d'huile, recouvrez les aubergines de gros sel et laissez-les dégorger 1 heure. Épongez le sel avec du papier absorbant avant de les faire frire.

LE BROCOLI

Le brocoli et ses jolies fleurettes vertes aiment les cuissons courtes. À peine sauté avec des crevettes ou en gratin avec du parmesan, il ravira tous les palais gourmands par son croquant inimitable.

BIEN LE CHOISIR

Optez pour des brocolis bien verts de couleur uniforme, avec des bouquets bien serrés. Des feuilles à la base de la tige sont un gage de fraîcheur. On trouve le brocoli sur les étals de juin à novembre.

COMMENT LE CONSERVER

Les brocolis se conservent 5 jours dans le bac à légumes du réfrigérateur.

SAVOIR LE PRÉPARER

Rincez-les à l'eau fraîche puis séparez-les en petits bouquets.

CUISSON ET QUANTITÉ

5 minutes à l'autocuiseur
7 à 10 minutes à l'eau bouillante salée
600 g pour 4 pers. en accompagnement

CREVETTES SAUTÉES AUX BROCOLIS

Pour 4 personnes

Préparation : 15 min. Cuisson : 15 min

❀ 1 gousse d'ail ❀ 1 oignon ❀ 1 bâton de citronnelle ❀ 1 brocoli ❀ 20 crevettes roses crues ❀ 3 c. à c. de sauce soja ❀ ½ c. à c. de gingembre en poudre ❀ huile ❀ sel et poivre

1. Épluchez et émincez l'ail et l'oignon.

2. Coupez l'extrémité du bâton de citronnelle, retirez la première feuille, puis émincez la citronnelle en très fines rondelles.

3. Détachez les fleurettes du brocoli et coupez-les en lamelles.

4. Rincez les crevettes et essuyez-les. Décortiquez-les en laissant leur queue.

5. Faites chauffer 2 c. à s. d'huile dans un wok et faites-y revenir l'oignon émincé. Ajoutez les crevettes et faites-les cuire 3 minutes de chaque côté.

6. Ajoutez le brocoli, 10 cl d'eau, l'ail, le gingembre, la citronnelle et la sauce soja. Salez et poivrez. Laissez cuire 10 minutes. Servez avec du riz thaï.

PLEIN D'IDÉES POUR LE CUISINER

• Brocolis à la milanaise : faites cuire le brocoli 5 minutes à la vapeur. Égouttez-le. Beurrez un plat à gratin et saupoudrez le fond de parmesan. Placez-y le brocoli détaillé en bouquets, citronnez, saupoudrez de parmesan et poivrez. Parsemez de noisettes de beurre et enfournez à 180 °C (th. 6) jusqu'à ce que le gratin soit bien doré. Un bon moyen pour faire aimer le brocoli aux plus récalcitrants.

• Salade de pennes aux brocolis : faites cuire 400 g de brocoli 7 minutes à l'eau bouillante salée. Faites cuire 400 g de pennes. Passez les pâtes et les brocolis sous l'eau froide. Égouttez bien. Mélangez avec 1 poivron rouge coupé en dés et 1 oignon rouge émincé. Nappez de vinaigrette à base d'huile d'olive, de jus de citron et de persil haché.

• Tarte au saumon fumé et aux brocolis : étalez une pâte feuilletée dans un moule à tarte. Tartinez-la de moutarde à l'ancienne. Recouvrez de 150 g de saumon fumé coupé en lanières et d'un demi-brocoli blanchi 5 minutes à l'eau bouillante. Battez 3 œufs avec 25 cl de crème fraîche. Salez, poivrez et ajoutez une pincée de muscade. Répartissez ce mélange sur les brocolis et le saumon. Enfournez 30 minutes à 180 °C (th. 6). Servez avec une salade verte bien croquante.

LA COURGETTE

Rondes, longues, jaunes ou vertes, les courgettes s'invitent dans nos assiettes avec l'arrivée des beaux jours. On les aime farcies, en beignets ou simplement poêlées à l'ail. Mais aussi crues, en salade ou en carpaccio. Un légume savoureux et vraiment facile à préparer.

BIEN LA CHOISIR

Choisissez des courgettes lisses, fermes, de couleur uniforme, sans taches brunes. Les petites courgettes sont souvent plus savoureuses et comportent moins de graines que les grosses. On trouve des courgettes toute l'année mais leur meilleure période s'étend de mars à septembre.

CONNAÎTRE LES VARIÉTÉS

La **ronde de Nice**, petite, ronde et marbrée, est idéale pour préparer des farcis.
La **grisette de Provence**, de couleur claire, possède une chair blanche et fine.
La **gold rush** est une courgette jaune, longue, à la saveur sucrée.

COMMENT LA CONSERVER

Les courgettes se conservent 5 jours dans le bac à légumes du réfrigérateur.

SAVOIR LA PRÉPARER

Rincez les courgettes, séchez-les et coupez les extrémités. Il est inutile de les éplucher.

CUISSON ET QUANTITÉ

5 minutes à l'autocuiseur
15 minutes à l'eau bouillante
10 à 15 minutes à l'étuvée
1 kg pour 4 pers. en accompagnement

Le saviez-vous ?

Originaire du Mexique, la courgette n'a pas toujours été utilisée en cuisine : elle aurait commencé sa carrière comme flotteur sur les filets de pêche au Pérou !

Courgetts Pays
Kg
2,30

COURGETTES FARCIES À LA GRECQUE

Pour 4 personnes

Préparation : 20 min
Cuisson : 50 min

- *4 courgettes*
- *20 feuilles de menthe fraîche*
- *1 oignon*
- *200 g d'agneau haché*
- *150 g de feta*
- *50 g de chapelure*
- *huile d'olive*
- *cumin*
- *sel et poivre*

1. Lavez et séchez les courgettes. Retirez les deux extrémités et coupez les courgettes en deux dans le sens de la longueur.

2. À l'aide d'une cuillère, évidez les courgettes en laissant 1 cm de chair tout autour et en faisant attention à ne pas percer la peau.

3. Hachez la chair des courgettes. Lavez, séchez et ciselez la menthe fraîche.

4. Préchauffez le four à 180 °C (th. 6).

5. Émincez l'oignon. Faites-le revenir dans de l'huile d'olive. Ajoutez l'agneau. Salez, poivrez et ajoutez une pincée de cumin. Laissez dorer 5 minutes.

6. Mélangez la viande et l'oignon avec la chair des courgettes, la feta coupée en dés et la menthe ciselée.

7. Remplissez les courgettes de la farce. Saupoudrez-les de chapelure et arrosez d'un filet d'huile d'olive.

8. Enfournez 45 minutes environ, jusqu'à ce que les courgettes soient bien dorées.

PLEIN D'IDÉES POUR LA CUISINER

VITE FAIT, BIEN FAIT !

• Carpaccio de courgettes : épluchez 2 courgettes et émincez-les finement en tagliatelles à l'aide d'un économe. Recouvrez les rubans de courgette d'huile d'olive, de jus de citron, de basilic frais, de copeaux de parmesan et de pignons grillés. Salez et poivrez. Laissez mariner 3 heures au réfrigérateur. Égouttez si les courgettes ont rendu de l'eau. Une entrée légère et croquante.

• Galettes de légumes : pelez puis râpez 2 courgettes et 2 carottes à l'aide d'une râpe à gros trous. Mélangez les légumes râpés avec 2 jaunes d'œufs, 1 oignon haché, 1 gousse d'ail hachée, un demi-bouquet de ciboulette ciselée. Salez et poivrez. Formez des galettes, aplatissez-les et enrobez-les de chapelure. Faites chauffer un peu d'huile dans une poêle et laissez dorer les galettes 4 minutes. Retournez-les et laissez cuire 4 minutes sur l'autre face. Dégustez avec une salade de crudités d'été.

• Tian provençal : arrosez d'huile d'olive le fond d'un plat à gratin. Déposez-y des oignons émincés puis recouvrez de rondelles d'aubergine, de courgette et de tomate, en les alternant. Salez, poivrez et ajoutez entre les couches de légumes des lamelles d'ail et de l'origan émietté. Nappez d'huile d'olive. Recouvrez de parmesan. Faites cuire une bonne heure à 180 °C (th. 6). Décorez de basilic au moment de servir. Simple mais savoureux.

LES BONNES ASSOCIATIONS

- Les autres légumes d'été : aubergines, poivrons, tomates
- L'ail et l'oignon
- La menthe, la coriandre, le basilic, le persil
- Le curry, le cumin, la muscade, le gingembre, le ras-el-hanout, le safran
- Le fromage de chèvre, la feta, le parmesan

Crue, râpée avec des carottes, des oignons et du céleri rave

En soupe glacée avec de la menthe ; en soupe chaude avec du Kiri

Mijotée avec des citrons confits et du safran, pour accompagner de l'agneau, du poulet ou une viande blanche

En papillote avec des poissons

L'astuce du maraîcher

Quand vous préparez des courgettes farcies, utilisez un vide-pomme pour les évider sans transpercer la peau.

LE POIVRON

Rouge, jaune ou vert, le poivron se prête à toutes les associations : viandes, poissons, légumes et fromages. Cru, croquant et coloré, il se glisse dans les salades composées d'été et il est tout aussi savoureux grillé ou farci.

BIEN LE CHOISIR

Choisissez des poivrons bien fermes, à la peau lisse, brillante et bien tendue, sans meurtrissures. La saison des poivrons s'étend de mai à octobre.

CONNAÎTRE LES VARIÉTÉS

Immature, un poivron est toujours vert mais mûr, il affiche différentes couleurs selon sa variété.
Le **poivron vert** est croquant, fruité et légèrement amer.
Le **poivron rouge** a une saveur légèrement sucrée.
Le **poivron jaune** est doux et juteux.

COMMENT LE CONSERVER

Le poivron se conserve jusqu'à 8 jours dans le bac à légumes du réfrigérateur.

SAVOIR LE PRÉPARER

Rincez le poivron, ôtez son pédoncule, coupez-le en deux et grattez les petites graines qui se trouvent à l'intérieur.

CUISSON ET QUANTITÉ

20 minutes au gril du four
15 minutes à la poêle
15 minutes à la vapeur
1 gros poivron par pers. pour des poivrons farcis
1 poivron pour une salade composée pour 4 pers.

Le saviez-vous ?

Originaire d'Amérique centrale, le poivron a débarqué en Europe au XVIe siècle au même moment que son frère le piment.

SAUTÉ DE VEAU AUX POIVRONS ROUGES

Préparation : 10 min
Cuisson : 15 min
Marinade : 30 min

Pour 4 personnes

- *600 g de filet de veau*
- *2 poivrons rouges*
- *1 oignon*
- *1 gousse d'ail*
- *6 c. à s. de vin de Banyuls*
- *1 citron*
- *2 c. à s. de miel liquide*
- *4 c. à s. d'huile d'olive*
- *2 brins de romarin*
- *sel et poivre*

1. Coupez le veau en cubes de 2 cm de côté. Épluchez et émincez l'oignon. Épluchez et hachez la gousse d'ail.

2. Dans un saladier, mélangez le banyuls, le jus du citron, la gousse d'ail hachée et le miel. Laissez mariner 30 minutes.

3. Rincez les poivrons, retirez les pédoncules, coupez-les en deux et retirez les graines. Coupez-les en lanières, faites-les blanchir 3 minutes dans de l'eau bouillante et égouttez-les.

4. Faites chauffer 2 c. à s. d'huile d'olive dans un wok et faites revenir 5 minutes la viande et la marinade. Salez, poivrez et réservez.

5. Dans le wok, faites revenir les poivrons et l'oignon émincé dans 2 c. à s. d'huile d'olive 5 minutes à feu vif sans cesser de remuer.

6. Remettez la viande dans le wok, poursuivez la cuisson 3 minutes et parsemez de romarin frais.

PLEIN D'IDÉES POUR LE CUISINER

VITE FAIT, BIEN FAIT !

• **Poivrons farcis aux légumes et au chèvre :** faites revenir 2 oignons émincés dans de l'huile d'olive avec une pincée de sucre. Salez, poivrez et laissez confire à feux doux. Réservez. Dans de l'huile d'olive, faites sauter 10 minutes à feu vif 1 courgette, 1 aubergine et 2 tomates coupées en petits dés. Arrosez d'un filet de vinaigre balsamique et parsemez de basilic. Remplissez 8 demi-poivrons verts du mélange de légumes et d'oignons. Recouvrez d'une tranche de chèvre frais. Faites cuire 20 minutes au four à 180 °C (th. 6). Un régal estival.

• **Tortilla aux poivrons et au chorizo :** dans un peu d'huile d'olive, faites revenir 10 tranches de chorizo coupées en morceaux pendant 3 minutes. Ajoutez 1 poivron rouge coupé en lanières, 1 oignon émincé et 1 gousse d'ail hachée, faites-les revenir en remuant sans cesse. Salez, poivrez et poursuivez la cuisson 10 minutes. Battez 8 œufs en omelette et versez le contenu de la poêle dans les œufs battus. Salez et ajoutez 1 pincée de piment d'Espelette. Versez le tout dans un moule à manqué beurré et faites cuire 30 minutes au four à 150 °C (th. 5). Coupez en petits carrés et servez en tapas avec des piques en bois.

• **Poivrons marinés :** faites griller 4 poivrons rouges 20 minutes au four en les retournant régulièrement. Pelez-les (voir L'astuce du maraîcher). Coupez-les en deux et retirez les graines. Détaillez-les en lanières. Placez-les dans un récipient avec 3 gousses d'ail hachées. Salez, poivrez et ajoutez le jus d'un citron, 1 c. à s. de vinaigre et recouvrez les poivrons d'huile d'olive. Laissez mariner une nuit au réfrigérateur. Dégustez sur du pain grillé.

LES BONNES ASSOCIATIONS

- Le veau, la dinde, le poulet
- Le thon, la daurade, le rouget
- Les autres légumes d'été : aubergines, courgettes et tomates en ratatouille, en tian ou en piperade
- L'ail, l'huile d'olive, l'oignon et le piment
- Le basilic et le persil
- Les œufs en omelette, en tortilla ou en quiche
- Les tomates, les concombres et les oignons rouges dans une salade

L'astuce du maraîcher

Pour peler les poivrons, faites-les griller au four, puis enfermez-les quelques minutes dans un sac plastique. Vous pourrez alors retirer la peau facilement.

LE CONCOMBRE

Facile à préparer et vraiment rafraîchissant, le concombre est le compagnon idéal des repas d'été. Son croquant fait merveille dans les salades et sa fraîcheur est bienvenue en soupe fraîche ou en mousse quand il fait très chaud.

BIEN LE CHOISIR

Le concombre doit être bien vert et bien ferme. Sa pleine saison s'étend d'avril à septembre.

CONNAÎTRE LES VARIÉTÉS

Le **concombre hollandais**, long, rectiligne et lisse, est le plus courant.
Le **concombre épineux**, petit et à la peau piquante, est légèrement amer.

COMMENT LE CONSERVER

Le concombre se conserve 1 semaine dans le bac à légumes du réfrigérateur. Si vous ne l'utilisez pas en entier, recouvrez l'entame de film alimentaire.

SAVOIR LE PRÉPARER

Lavez le concombre et séchez-le. Selon les recettes, vous pouvez lui laisser sa peau. Inutile de faire dégorger au sel les concombres hollandais. En revanche, vous pouvez retirer l'amertume du concombre épineux : pour cela, coupez les deux extrémités et frottez l'entame avec les extrémités retirées.

CUISSON ET QUANTITÉ

5 minutes à la vapeur
5 minutes à la poêle
2 concombres pour une soupe glacée ou des concombres à la crème pour 4 pers.
1 concombre pour une salade composée pour 4 pers.

Le saviez-vous ?

Né sans doute au nord de l'Inde, dans les contreforts de l'Himalaya, il y a plus de 3 000 ans, le concombre était également apprécié en Égypte, sur les rives du Nil. En France, il faudra attendre Charlemagne pour qu'il commence à être cultivé.

VERRINES À LA MOUSSE DE CONCOMBRE

Pour 4 personnes

Préparation : 20 min
Réfrigération : 2 h

- *2 concombres*
- *1 bouquet de ciboulette*
- *150 g de chèvre frais*
- *3 feuilles de gélatine*
- *2 tomates*
- *1 tranche de saumon fumé*
- *huile d'olive*
- *sel et poivre*

1. Épluchez les concombres. Coupez-les en deux dans le sens de la longueur et retirez les graines. Coupez la chair des concombres en gros morceaux.

2. Mixez avec 10 brins de ciboulette et le chèvre frais jusqu'à obtenir une mousse veloutée et homogène. Salez et poivrez.

3. Faites ramollir les feuilles de gélatine 10 minutes dans un bol d'eau froide. Essorez-les en les pressant entre vos mains. Mettez-les dans une assiette creuse. Faites-les fondre en les recouvrant de 1 c. à s. d'eau très chaude. Mélangez puis versez dans la crème de concombre. Mélangez à nouveau.

4. Coupez les tomates en tout petits dés. Salez et poivrez. Arrosez d'un filet d'huile d'olive.

5. Remplissez les verrines à moitié de crème de concombre. Recouvrez d'une couche de dés de tomate. Terminez avec la crème de concombre.

6. Placez 2 heures au réfrigérateur. Au moment de servir, décorez d'une lanière de saumon fumé et d'un brin de ciboulette.

PLEIN D'IDÉES POUR LE CUISINER

VITE FAIT, BIEN FAIT !

• Raïta : épluchez un concombre, coupez-le en deux dans le sens de la longueur, retirez les graines. Râpez le concombre et 1 carotte à la râpe à gros trous. Égouttez le concombre 10 minutes. Détaillez la chair de 2 tomates en petits dés et émincez 2 oignons blancs. Mélangez les légumes avec 2 yaourts grecs. Ajoutez ½ c. à c. de garam massala, 1 pincée de sucre et de la coriandre fraîche. Salez et poivrez. Réservez au frais. Servez en entrée ou pour accompagner un plat indien bien relevé.

• Petits concombres farcis : lavez 3 concombres (ne les épluchez pas), coupez les extrémités et découpez des tronçons de 4 cm de longueur. Évidez-les. Préparez plusieurs farces : fromage blanc-crabe émietté-moutarde-gingembre en poudre, thon-mayonnaise-curry-oignons, chèvre frais-pistaches hachées-paprika-ciboulette, crevettes -crème fraîche-aneth. Remplissez les concombres évidés de farce. Décorez de brins de ciboulette ou d'œufs de saumon. Réservez au frais.

• Concombre sauté à la ciboulette : pelez et hachez 2 gousses d'ail. Coupez 2 concombres en deux dans le sens de la longueur (sans les peler), retirez les graines et détaillez-les en fins bâtonnets. Dans une poêle, faites saisir les bâtonnets de concombre 3 minutes à feu vif dans de l'huile d'olive en remuant. Ajoutez l'ail. Laissez cuire 2 minutes. Salez, poivrez et parsemez de ciboulette ciselée. Servez avec une viande blanche ou un poisson. Un accompagnement léger et croquant.

LES BONNES ASSOCIATIONS

- La menthe, la ciboulette, la coriandre, l'estragon, le cerfeuil, le persil, l'aneth
- Les tomates, les olives, la feta et l'origan dans une salade grecque
- Le yaourt, l'ail et l'aneth dans un tzatziki
- La moutarde, le curry, le safran, le paprika
- L'oignon et les échalotes
- La crème fraîche
- Les crevettes, le crabe et le saumon fumé
- Des œufs de saumon, du tarama, de la tapenade ou du thon mayonnaise, en canapés à l'apéritif

L'astuce du maraîcher

Trop mangé ? Trop bu ? Les lendemains d'excès en tout genre, commencez la journée avec un jus de concombre.

LA GIROLLE

La girolle, appelée aussi chanterelle, au goût subtil et parfumé, fait le bonheur des gourmets. Par sa finesse, elle transforme en plat de fête une simple omelette, des œufs brouillés ou un rôti de porc. Sa saison est courte. Ne la ratez pas !

BIEN LA CHOISIR

Choisissez des girolles bien fermes, de couleur uniforme et non visqueuses. Préférez les girolles d'origine française, plus fraîches que celles venues des pays de l'Est.On peut les acheter et les cuisiner de juin à la fin août.

COMMENT LA CONSERVER

La girolle est fragile : conservez-la une semaine au frais ou dans un sac plastique perforé dans le bac à légumes du réfrigérateur.

SAVOIR LA PRÉPARER

Coupez la base et la partie abîmée des champignons et évitez de les laver : l'eau leur ferait perdre toute leur saveur. Mieux vaut les brosser ou les gratter avec la pointe d'un couteau.

CUISSON ET QUANTITÉ

5 à 8 minutes à la poêle
15 à 20 minutes à l'étuvée
10 à 15 minutes au four
500 g pour une omelette et 800 g en accompagnement pour 4 pers.

RÔTI DE PORC À LA SAUGE ET AUX GIROLLES

Pour 4 personnes

Préparation : 20 min. Cuisson : 1 h 30

❀ 1 rôti de porc de 1 kg ❀ 9 gousses d'ail ❀ 12 feuilles de sauge ❀ 8 pommes de terre ❀ 20 cl de vin blanc sec ❀ 500 g de girolles ❀ beurre ❀ sel et poivre ❀ huile d'olive

1. Préchauffez le four à 240°C (th. 8).

2. Parez et ficelez le rôti. Frottez-le de beurre puis d'ail sur toutes ses faces. Salez et poivrez.

3. Placez le rôti dans un grand plat à four huilé. Arrosez-le d'un filet d'huile d'olive. Parsemez de feuilles de sauge froissées. Laissez dorer 30 minutes.

4. Épluchez les pommes de terre et coupez-les en deux dans le sens de la longueur. Ajoutez-les dans le plat avec 8 gousses d'ail en chemise.

5. Arrosez le rôti de vin blanc, baissez le four à 180 °C (th. 6) et poursuivez la cuisson 40 minutes. Arrosez le rôti de temps en temps.

6. Nettoyez les girolles, coupez leur base et disposez-les au milieu des pommes de terre. Poursuivez la cuisson 20 minutes.

7. Servez le rôti dans le plat, accompagné des pommes de terre et des girolles.

PLEIN D'IDÉES POUR LA CUISINER

• **Poêlée de girolles au jambon :** nettoyez 250 g de girolles. Faites suer les girolles à la poêle 4 minutes dans un mélange de beurre et d'huile. Retirez du feu et égouttez les girolles. Faites revenir 1 échalote hachée dans la poêle. Remettez les girolles et 200 g de jambon cru coupé en lanières. Laissez mijoter 5 minutes, ajoutez une noix de beurre, 1 c. à c. de jus de citron et parsemez de persil haché. Succulent !

• **Œufs brouillés aux girolles :** nettoyez 500 g de girolles et coupez leur pied. Dans une poêle, faites revenir les girolles dans une noix de beurre et 1 c. à c. d'huile d'olive pendant 8 minutes en remuant sans cesse. Salez, poivrez et parsemez de persil haché. Réservez au chaud. Battez 8 œufs dans un bol avec 1 c. à s. de lait. Salez et poivrez. Faites fondre une grosse noix de beurre dans une casserole placée au bain-marie, à feu très doux. Ajoutez les œufs, remuez sans cesse jusqu'à obtenir la consistance désirée. Retirez du feu, ajoutez 1 c. à s. de crème fraîche, mélangez et servez avec les girolles.

L'astuce du maraîcher

Évitez de saisir les girolles à feu vif : elles deviendraient caoutchouteuses.

L'ARTICHAUT

Libéré de son éternelle vinaigrette, l'artichaut se prête à mille recettes, des plus simples aux plus raffinées. Croquant ou fondant, il s'épanouit en fricassée avec des légumes de saison, des viandes blanches et des poissons. N'hésitez plus : craquez pour son cœur tendre !

BIEN LE CHOISIR

Choisissez des artichauts fermes, lourds, aux feuilles serrées et sans taches noires. Des feuilles qui se cassent bien net sont un indice de fraîcheur.
La saison des artichauts s'étend d'avril à septembre mais il est au meilleur de sa forme en juillet et en août.

CONNAÎTRE LES VARIÉTÉS

Le **camus de Bretagne** : grand format et rond, c'est l'artichaut qu'on trouve le plus facilement.
Le **violet de Provence** ou **poivrade** est petit, tendre et contient peu de foin ; il peut se consommer cru en salade.

COMMENT LE CONSERVER

L'artichaut se conserve 5 jours dans le bac à légumes du réfrigérateur. Vous pouvez aussi le plonger, queue en bas comme une fleur, dans un grand verre d'eau.
L'artichaut cuit doit être mangé dans les 24 heures.

SAVOIR LE PRÉPARER

Cassez la tige d'un coup sec et coupez les pointes dures des feuilles extérieures à l'aide d'une paire de ciseaux. Faites cuire les artichauts la tête en haut et égouttez-les la tête en bas.

CUISSON ET QUANTITÉ

10 minutes à l'autocuiseur
20 à 40 minutes (selon leur taille) dans de l'eau bouillante et salée
1 artichaut breton par pers. en accompagnement ou à la vinaigrette
3 poivrades par pers. en accompagnement.

Le saviez-vous ?

« Artichauts pour avoir le cul chaud », criaient les marchandes ambulantes pour le vendre. En effet, on a longtemps prêté à l'artichaut de grands pouvoirs aphrodisiaques (jamais prouvés !) et on en interdisait même la consommation aux femmes « sérieuses ».

SALAMBO
1kg = 295€

ARTICHAUTS À LA BARIGOULE

Pour 6 personnes

Préparation : 20 min
Cuisson : 1 h 15

- *6 artichauts camus de Bretagne*
- *1 citron*
- *300 g de champignons de Paris*
- *4 échalotes*
- *1 bouquet de persil plat*
- *2 gousses d'ail*
- *150 g de lard salé*
- *60 g de beurre*
- *6 bardes de lard*
- *2 carottes*
- *2 oignons*
- *15 cl de vin blanc*
- *50 cl de bouillon de volaille*
- *huile d'olive*
- *sel et poivre*

1. Lavez et égouttez les artichauts. Coupez les feuilles à la moitié de leur hauteur. Faites-les cuire 10 minutes dans une grande casserole d'eau bouillante salée et citronnée. Égouttez les artichauts, écartez les feuilles et retirez celles du centre et le foin.

2. Nettoyez les champignons et coupez-les en quatre. Passez-les au mixeur avec les échalotes, le persil, l'ail et le lard salé. Salez et poivrez.

3. Faites revenir la farce dans 50 g de beurre 5 minutes dans une poêle sans cesser de remuer.

4. Remplissez les artichauts de la farce en tassant bien. Entourez chaque artichaut d'une barde de lard et ficelez le tout.

5. Coupez les carottes en rondelles et émincez les oignons. Faites-les revenir dans une cocotte dans 10 g de beurre. Posez les artichauts dessus. Recouvrez du vin blanc et de 5 c. à s. d'huile d'olive. Laissez réduire le vin de moitié. Ajoutez le bouillon, couvrez et laissez mijoter 1 heure.

6. Retirez les artichauts de la cocotte, égouttez-les, retirez les ficelles et les bardes. Filtrez la sauce et versez-la sur les artichauts au moment de servir.

PLEIN D'IDÉES POUR LE CUISINER

VITE FAIT, BIEN FAIT !

• Artichauts à la crème de ciboulette : coupez les feuilles de 4 artichauts au tiers de leur hauteur (gardez entières les feuilles de la rangée extérieure). Faites cuire les artichauts 10 minutes à l'autocuiseur. Égouttez-les. Retirez le foin et les feuilles du milieu. Mélangez 30 cl de crème liquide, un bouquet de ciboulette ciselée et le jus d'un citron. Salez et poivrez. Laissez refroidir les artichauts puis remplissez le centre de crème à la ciboulette.

• Fricassée de lapin aux artichauts : nettoyez 6 artichauts poivrade et coupez-les en quatre. Faites revenir un lapin en morceaux et 1 oignon émincé dans une cocotte huilée. Versez 15 cl de vin blanc et 20 cl de bouillon de volaille. Salez et poivrez. Ajoutez les artichauts. Couvrez et laissez cuire 1 heure. Incorporez 1 c. à s. de moutarde et 15 cl de crème fraîche. Mélangez pour lier la sauce.

• Calamars sautés aux artichauts : faites cuire 4 gros artichauts à l'autocuiseur, égouttez-les, récupérez les cœurs. Émincez-les et citronnez. Coupez 400 g de calamars en lanières et saisissez-les 2 minutes à la poêle dans de l'huile d'olive. Égouttez soigneusement. Faites saisir dans la même poêle les artichauts, une gousse d'ail hachée et un poivron rouge émincé. Quand les légumes sont dorés, remettez les calamars. Salez, poivrez et ajoutez une pincée de piment. Mélangez et laissez mijoter 10 minutes.

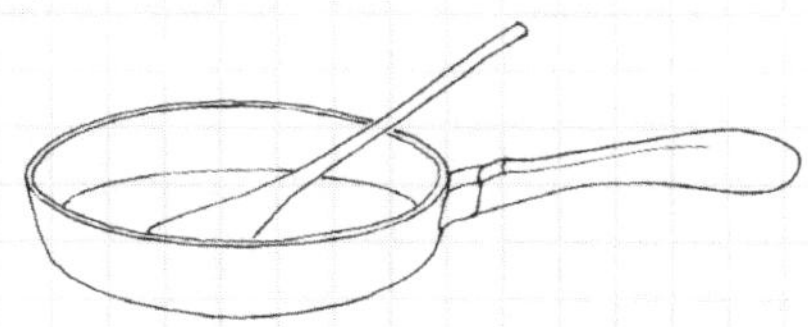

LES BONNES ASSOCIATIONS

En entrée, avec :
- une vinaigrette aux agrumes
- une vinaigrette au citron et à l'huile de noix
- une sauce au yaourt et aux herbes

En plat chaud, avec :
- le vin blanc, le citron, l'huile d'olive et le vinaigre de cidre ou de vin
- l'ail, l'échalote et les oignons
- le cerfeuil, la ciboulette, la coriandre, le persil
- les crustacés, les fruits de mer, les poissons
- l'agneau, le jambon, le lapin, la volaille, les foies de volaille et les viandes blanches

En poêlée avec d'autres légumes : asperges, haricots verts, poivrons, courgettes...

En velouté ou dans une sauce pour les pâtes, avec de la crème fraîche et du parmesan

LA BETTERAVE

Oubliée la betterave de la cantine et sa mauvaise réputation ! Épatez vos invités avec des recettes hautes en couleur et n'hésitez pas à la proposer crue en salade.

BIEN LA CHOISIR

Préférez une betterave ferme, lisse, sans taches ni moisissures et qui possède des feuilles. On la trouve sur les étals de mai à octobre.

CONNAÎTRE LES VARIÉTÉS

La **crapaudine** : cette betterave ancienne en forme de toupie possède une peau noire, ridée et rugueuse et une chair fine et sucrée. La **plate noire d'Égypte**, arrondie et aplatie en dessous, a la peau lisse rouge violacé, et la **globe**, bien ronde, a une chair très rouge.

COMMENT LA CONSERVER

Conservez les betteraves crues 5 jours dans un sac en papier dans le bac à légumes. Cuites, placez-les dans une boîte hermétique et conservez-les une semaine au réfrigérateur.

SAVOIR LA PRÉPARER

Coupez les fanes à 2 cm de la base des betteraves avant de les laver. Une fois cuites, pelez-les sous l'eau froide pour éviter d'avoir les mains rouges ou portez des gants.

CUISSON ET QUANTITÉ

25 minutes à l'autocuiseur (ou 1 heure au four)
500 g de betterave cuite pour une salade pour 4 pers.

TABOULÉ ROSE

Pour 4 personnes

Préparation : 20 min. Cuisson : 30 min
Réfrigération : 15 min

❀ 2 betteraves ❀ 300 g de semoule moyenne ❀ 2 oranges ❀ 1 citron ❀ 50 g de raisins secs ❀ 3 c. à s. d'huile d'olive ❀ 100 g de chèvre frais ❀ 1 bouquet de persil plat ❀ 2 oignons blancs ❀ sel et poivre

1. Brossez les betteraves et faites-les cuire avec la peau à l'autocuiseur. Épluchez-les, coupez-en une et demie en petits dés et réservez. Émincez la moitié restante en gros dés et passez à la centrifugeuse.

2. Recouvrez la semoule de jus de betterave et d'une orange et d'un citron pressés. Laissez gonfler une demi-heure environ. Séparez les grains à la fourchette.

3. Faites gonfler les raisins secs dans le jus de l'autre orange.

4. Incorporez les dés de betterave dans la semoule. Arrosez d'huile. Salez et poivrez.

5. Émiettez le fromage, ciselez le persil et émincez les oignons. Versez le tout dans le taboulé avec les raisins secs. Placez 15 minutes au réfrigérateur avant de servir.

PLEIN D'IDÉES POUR LA CUISINER

• **Chips de betterave :** épluchez 2 betteraves crues et émincez-les finement à la mandoline. Séchez-les sur du papier absorbant, puis passez-les dans de la farine. Secouez-les délicatement pour retirer l'excès de farine. Faites frire les chips dans de l'huile bien chaude jusqu'à ce qu'elles prennent une couleur rose orangé. Épongez sur du papier absorbant. Salez. Laissez sécher une nuit à l'air libre. Ces chips roses épateront vos invités à l'apéritif ou avec un velouté de betteraves.

• **Velouté glacé de betteraves :** pelez et coupez en dés 3 betteraves crues et 1 pomme. Émincez 3 échalotes et 1 gousse d'ail. Faites revenir 5 minutes les échalotes et l'ail dans de l'huile. Ajoutez les betteraves, la pomme et une bonne pincée de cumin. Remuez. Ajoutez 1 litre de bouillon de volaille, 1 c. à s. de vinaigre et laissez cuire 1 heure. Mixez. Réservez au frais au moins 3 heures. Servez dans de grands verres transparents avec 1 c. à s. de crème fraîche. Effet garanti !

L'astuce du maraîcher

Des taches violettes restent sur vos mains ? Lavez-les avec du citron.

LA BLETTE

Légume très prisé dans le Midi, la blette (ou bette) est bien pratique : elle se conserve longtemps et tout se mange, le vert comme le blanc. Les feuilles se glissent dans les tourtes ou les omelettes et les côtes se préparent panées ou en sauce tomate.

BIEN LES CHOISIR

Choisissez des blettes aux côtes blanches sans taches et fermes. Les feuilles doivent être brillantes et d'un vert intense et uniforme. On trouve des blettes de juillet à octobre.

COMMENT LES CONSERVER

Les blettes se conservent jusqu'à 10 jours dans le bac à légumes du réfrigérateur. Pour gagner de la place, séparez les côtes des feuilles avant de les stocker.

SAVOIR LES PRÉPARER

Séparez les côtes des feuilles. Lavez et égouttez. Cassez les côtes en deux, à la main et retirez leur pellicule fibreuse.

CUISSON ET QUANTITÉ

Pour les côtes : 10 minutes à l'autocuiseur ; 20 à 25 minutes à l'eau bouillante salée
Pour les feuilles : 5 minutes à l'autocuiseur ; 5 à 7 minutes à l'eau bouillante salée
1 botte pour deux plats pour 4 pers. (un avec les côtes, un avec les feuilles)

TOURTE AUX BLETTES

Pour 6 personnes

Préparation : 25 min. Cuisson : 45 min
Repos : 30 min

Pour la pâte : ❀ 220 g de farine ❀ 110 g de beurre ❀ 1 pincée de sel ❀ 1 œuf ❀ 1 citron

Pour la garniture : ❀ 800 g de feuilles de blettes ❀ 2 oignons ❀ 3 c. à s. d'huile d'olive ❀ 250 g de ricotta ❀ 1 c. à s. de farine ❀ 4 œufs ❀ 100 g de parmesan râpé ❀ sel et poivre

1. Mélangez la farine, le beurre ramolli et le sel. Ajoutez un œuf battu et le jus d'un demi-citron. Pétrissez et formez une boule. Réservez 30 minutes au réfrigérateur.

2. Lavez les blettes et faites-les blanchir. Égouttez-les et hachez-les. Faites fondre 2 oignons hachés à la poêle dans l'huile d'olive. Salez et poivrez. Mélangez avec les blettes.

3. Préchauffez le four à 200 °C (th. 6-7).

4. Mélangez 3 œufs, la farine, la ricotta et le parmesan. Poivrez.

5. Étalez la pâte en deux cercles. Garnissez la tourtière beurrée d'un cercle de pâte et piquez-le. Versez le mélange blettes-oignons puis la préparation au fromage blanc. Recouvrez du deuxième cercle de pâte. Faites une cheminée au centre. Badigeonnez la tourte d'œuf battu. Enfournez 40 minutes environ.

PLEIN D'IDÉES POUR LA CUISINER

• **Blettes en sauce tomate :** faites cuire 6 côtes de blettes coupées en morceaux de 3 cm de long 20 minutes dans de l'eau salée et citronnée. Dans une poêle, faites revenir 2 oignons émincés dans de l'huile d'olive, ajoutez 2 gousses d'ail hachées, 40 cl de coulis de tomate et 10 cl de vin blanc. Salez et poivrez. Couvrez et laissez cuire 5 minutes. Ajoutez les blettes égouttées et poursuivez la cuisson un quart d'heure. En fin de cuisson, parsemez de basilic ciselé et de pignons grillés. Savoureux !

• **Côtes de blettes panées :** faites cuire 6 côtes de blettes coupées en morceaux de 5 cm de long 20 minutes dans de l'eau salée et citronnée. Égouttez-les soigneusement. Passez-les dans un œuf battu puis dans de la chapelure. Faites frire à la poêle dans de l'huile d'olive. Salez et poivrez. Égouttez sur du papier absorbant et servez bien chaud. Croustillant dehors et fondant dedans.

L'astuce du maraîcher

Pour que les côtes de blettes conservent leur blancheur, citronnez leur eau de cuisson.

LA CERISE

Avec l'été, revient le temps des cerises, sucrées et juteuses. On les aime nature, bien sûr, mais aussi dans un clafoutis moelleux, en soupe avec du vin et des épices ou poêlées pour accompagner une viande blanche ou une volaille.

BIEN LES CHOISIR

Choisissez des cerises brillantes, charnues, d'un beau rouge vif et sans blessures. Le pédoncule doit être bien vert et bien fixé. On trouve des cerises de mai à juillet.

CONNAÎTRE LES VARIÉTÉS

La **burlat** est sucrée, fondante et juteuse.
La **stark giant hardy** est rouge foncé, sucrée et croquante.
La **van** possède un fruit rond avec un pédoncule très court. Sa chair est sucrée, acidulée et croquante.
La **summit**, en forme de cœur, est brillante, rouge clair, fondante, juteuse et sucrée.

COMMENT LES CONSERVER

Les cerises se conservent 3 jours à température ambiante et 5 jours dans le bac à légumes du réfrigérateur. Sortez-les du réfrigérateur au moins 30 minutes avant dégustation pour qu'elles retrouvent tous leurs arômes.

SAVOIR LES PRÉPARER

Mettez les cerises entières dans une passoire et rincez-les à l'eau claire. Séchez-les sur du papier absorbant. Les clafoutis et certaines autres recettes sont meilleurs si on utilise les cerises avec leur noyau.

Le saviez-vous ?

C'est Lucullus qui aurait introduit les cerises à Rome, après sa victoire en Asie mineure en 73. Les fruits auraient été rapportés de Cérasonte, une ville située dans l'actuelle Turquie, qui abondait alors de cerisiers.

CLAFOUTIS MOELLEUX AUX CERISES

Pour 6 personnes

Préparation : 10 min
Cuisson : 45 min

- *800 g de cerises*
- *80 g de beurre*
- *40 cl de lait*
- *4 œufs*
- *50 g de farine*
- *80 g de sucre*
- *50 g de poudre d'amandes*
- *1 pincée de sel*

1. Préchauffez le four à 180 °C (th. 6).

2. Lavez, séchez et équeutez les cerises.

3. Faites fondre le beurre et faites tiédir le lait. Séparez les jaunes des blancs de 3 œufs.

4. Mélangez la farine, le sucre, la poudre d'amandes et 1 pincée de sel. Faites une fontaine, mettez-y 1 œuf entier et 3 jaunes d'œufs, le beurre fondu puis le lait tiédi. Mélangez jusqu'à obtenir la consistance d'une pâte à crêpe plus épaisse (il ne doit pas y avoir de grumeaux).

5. Montez les blancs en neige bien ferme avec 1 pincée de sel et ajoutez-les délicatement à la pâte.

6. Étalez les cerises au fond d'un plat beurré allant au four. Recouvrez-les de la pâte.

7. Enfournez 20 minutes, puis baissez le thermostat à 150 °C (th. 5) et laissez cuire 25 minutes supplémentaires. Servez tiède ou froid.

PLEIN D'IDÉES POUR LA CUISINER

VITE FAIT, BIEN FAIT !

- **Soupe glacée aux cerises :** faites fondre 50 g de beurre. Ajoutez 750 g de cerises dénoyautées et coupées en deux. Laissez cuire 3 minutes à feu doux. Versez 40 cl d'eau et 50 cl de vin rouge. Ajoutez 40 g de sucre, un zeste de citron, 1 pincée de cannelle et 1 gousse de vanille fendue et grattée. Portez à ébullition puis laissez cuire à petits frémissements 10 minutes. Délayez 1 c. à s. de Maïzena dans un peu d'eau, versez dans la casserole et laissez bouillir 3 minutes. Laissez refroidir et réservez au frais avant de servir.

- **Noix de veau aux cerises :** faites colorer 4 morceaux de noix de veau 4 minutes de chaque côté dans du beurre. Salez et poivrez. Réservez. Laissez réduire 20 cl de porto de moitié dans la poêle, puis ajoutez 300 g de cerises lavées et équeutées. Versez 20 cl de fond de veau et un brin de romarin. Laissez cuire 6-7 minutes à feu doux, puis ajoutez 30 g de beurre en morceaux. Servez les noix de veau nappées de la sauce aux cerises.

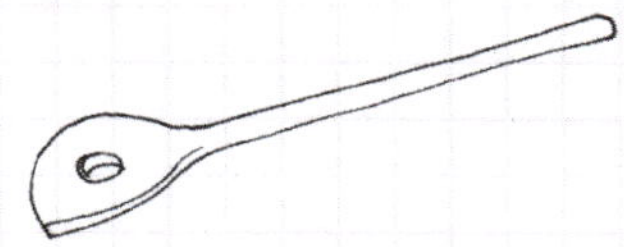

LES BONNES ASSOCIATIONS

- Le vin rouge, le porto, le kirsch, les vins doux naturels
- Le canard, la caille, le pigeon, la pintade
- Le veau et le porc
- Les pâtés et les terrines
- Les fromages de brebis
- Les fruits rouges et le chocolat
- Les amandes et les noisettes
- La vanille, la cannelle, le poivre, la cardamome
- La menthe, l'estragon, la citronnelle

L'astuce du maraîcher

Plongez les cerises 1 heure dans un saladier d'eau froide : elles seront plus faciles à dénoyauter.

LA FRAMBOISE

Délicate et sensuelle, la framboise nous séduit par sa couleur et ses saveurs. Délicieuse en coulis pour accompagner une charlotte ou un dessert glacé, elle dévoile aussi tous ses charmes pour accompagner un foie de veau.

BIEN LES CHOISIR

Choisissez des framboises bien parfumées, fermes et charnues. Pensez à regarder le dessous de la barquette et vérifiez qu'il n'y a pas de fruits écrasés.
Les framboises se dégustent de juin à août.

CONNAÎTRE LES VARIÉTÉS

La **rose de côte d'or** est une petite framboise très parfumée et très fragile.
La **glen prosen** donne des fruits de taille moyenne, ronds et d'un rouge franc, d'excellente qualité gustative.
L'**autumn bliss** est une framboise de gros calibre, assez ferme et très savoureuse.
La **zeva** est grosse, ferme et savoureuse.

COMMENT LES CONSERVER

Les framboises sont fragiles : elles se conservent 2 jours seulement dans leur barquette dans le bac à légumes du réfrigérateur.

SAVOIR LES PRÉPARER

Ne lavez pas les framboises : elles perdraient leurs saveurs délicates. Sortez-les du réfrigérateur un quart d'heure à l'avance.

SEMIFREDDO AUX FRAMBOISES

Pour 6 personnes

Préparation : 20 min. Cuisson : 5 min
Réfrigération : 2 heures

❀ 120 g d'amandes ❀ 130 g de sucre ❀ 10 g de beurre ❀ 1 gousse de vanille ❀ 3 œufs ❀ 25 cl de crème fraîche ❀ 500 g de framboises ❀ sel

1. Broyez les amandes grossièrement. Faites chauffer 100 g de sucre et 4 c. à s. d'eau sans remuer jusqu'à obtenir un caramel clair. Ajoutez les amandes, mélangez et laissez cuire 2 minutes à feu doux. Retirez du feu et ajoutez 10 g de beurre. Laissez refroidir sur du papier sulfurisé.

2. Fendez la gousse de vanille en deux et récupérez les graines.

3. Séparez les jaunes des blancs d'œufs. Fouettez les jaunes dans un cul-de-poule avec 30 g de sucre et les graines de vanille jusqu'à obtenir un mélange mousseux. Montez les blancs en neige avec une pincée de sel.

4. Cassez la nougatine en éclats et ajoutez-les aux jaunes blanchis. Ajoutez la crème fraîche, puis les blancs en neige.

5. Versez dans un plat et placez 2 heures au congélateur. Sortez le plat 15 minutes avant de déguster.

6. Versez la crème dans 6 coupes et répartissez les framboises par-dessus.

PLEIN D'IDÉES POUR LA CUISINER

• **Foie de veau poêlé aux framboises :** farinez 4 tranches de foie de veau. Dans une poêle, faites saisir dans du beurre les tranches de foie de veau 2 minutes environ de chaque côté. Réservez la viande au chaud. Jetez le gras de la poêle et déglacez avec 4 c. à s. de vinaigre de framboise, grattez les sucs de cuisson, versez 2 c. à s. d'eau et 2 c. à s. de miel. Mélangez et laissez réduire 1 minute. Hors du feu, ajoutez 250 g de framboises et mélangez très délicatement. Versez sur les tranches de foie de veau. Servez avec une bonne purée de pommes de terre. Un étonnant mariage sucré-salé.

• **Bricks aux framboises chocolatées :** badigeonnez des demi-feuilles de brick de beurre fondu. Posez au centre de chaque demi-feuille un carré de chocolat noir pâtissier recouvert de 4 ou 5 framboises et d'amandes effilées. Rabattez les bords de chaque feuille de brick au centre puis roulez-la dans la longueur. Saupoudrez de sucre glace. Passez les bricks 10 minutes au four à 210 °C (th. 7).

L'astuce du maraîcher

Achetez vos framboises en fin de marché et calez les barquettes en haut du panier : les framboises craignent les chocs.

LA PÊCHE

Juteuses et fondantes, pêches et nectarines ont toute leur place en cuisine, de l'entrée au dessert. Pleines de charmes, elles s'invitent avec bonheur dans les salades d'été et accompagnent volontiers les volailles. Succombez au fruit du pêcher !

BIEN LA CHOISIR

Les pêches doivent être souples au toucher et bien parfumées. Ne vous laissez pas influencer par leur couleur qui change selon les variétés. La saison des pêches s'étend de juillet à septembre.

CONNAÎTRE LES VARIÉTÉS

Les pêches **jaunes** sont sucrées et parfumées. Elles sont bien adaptées aux cuissons au four ou pochées.
Les pêches **blanches**, savoureuses et parfumées, sont parfois plus fragiles que les jaunes. Elles conviennent bien aux salades de fruits.
Les pêches **de vigne** sont plus petites et juteuses et possèdent une chair rouge très parfumée. Elles sont parfaites en confiture ou en tarte.
Les pêches **plates**, à la peau fine et à la chair savoureuse, sont également de petit format.
Les **nectarines** et **brugnons** ont une peau lisse et brillante. Le noyau du brugnon adhère à la chair alors que celui des nectarines se détache aisément. Le brugnon est plus petit et plus acide.

COMMENT LA CONSERVER

Les pêches perdent leur saveur au réfrigérateur. Conservez-les sans les serrer dans un endroit frais et aéré. Si elles séjournent au réfrigérateur, sortez-les plusieurs heures avant de les déguster afin qu'elles retrouvent tous leurs arômes.

SAVOIR LA PRÉPARER

Pour peler facilement les pêches, plongez-les 2 minutes dans de l'eau bouillante, puis passez-les sous l'eau froide du robinet.
Une fois épluchées, arrosez les pêches de citron pour qu'elles conservent leur belle couleur.

Le saviez-vous ?

Contrairement aux idées reçues, la nectarine et le brugnon ne sont pas issus de croisements entre un pêcher et un prunier. Ce sont tout simplement des variétés de pêches.

PASTILLA AUX PÊCHES

Pour 4 personnes

Préparation : 10 min
Cuisson : 10 min

- *4 pêches*
- *100 g de beurre*
- *8 feuilles de brick*
- *80 g de pistaches hachées*
- *sucre glace*

Pour la crème anglaise :

- *50 cl de lait*
- *1 gousse de vanille*
- *4 œufs*
- *70 g de sucre*

1. Préchauffez le four à 200 °C (th. 7-8).

2. Préparez une crème anglaise. Faites chauffer le lait avec la vanille fendue en deux. Retirez du feu quand le lait frémit.

3. Séparez les jaunes des blancs d'œufs et fouettez les jaunes avec le sucre. Versez le lait progressivement.

4. Remettez sur le feu et faites cuire à feu doux jusqu'à ce que le mélange épaississe. La préparation ne doit pas bouillir.

5. Plongez les pêches 2 minutes dans une casserole d'eau bouillante. Épluchez-les et coupez-les en fines lamelles.

6. Faites fondre le beurre. Badigeonnez les feuilles de brick de beurre fondu sur une face et passez-les 3 minutes au four (face beurrée vers le haut).

7. Sur le plat de service, superposez deux feuilles de brick. Nappez de crème anglaise, recouvrez de lamelles de pêches et de pistaches hachées. Répétez l'opération 3 fois en terminant par 2 feuilles de brick. Saupoudrez de sucre glace.

PLEIN D'IDÉES POUR LA CUISINER

VITE FAIT, BIEN FAIT !

• Pêches rôties aux macarons : coupez 4 pêches en deux. Retirez le noyau et prélevez un peu de pulpe à l'aide d'une cuillère. Mixez 6 macarons avec la pulpe des fruits. Ajoutez 2 c. à s. de sucre et 1 jaune d'œuf. Remplissez les pêches de ce mélange. Disposez-les dans un plat à four beurré et arrosez de 10 cl de vin doux. Faites cuire 25 minutes à 180 °C (th. 6) jusqu'à ce que les pêches soient tendres. Servez tiède.

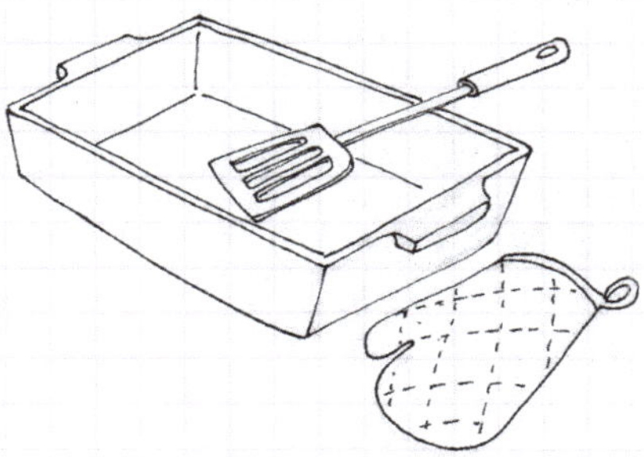

• Pêches poêlées au miel et au vinaigre : épluchez et coupez 3 pêches en quartiers. Dans une poêle, faites fondre une grosse noix de beurre. Ajoutez les quartiers de pêche et faites cuire 5 minutes à feu doux. Salez et poivrez. Arrosez de jus de citron, et versez 1 c. à s. de miel liquide et 1 c. à s. de vinaigre balsamique. Poursuivez la cuisson 3 minutes. Délicieux avec un magret ou des aiguillettes de canard.

• Salade de nectarines à la mozzarella et au basilic : dénoyautez et coupez 4 nectarines en lamelles. Salez, poivrez, arrosez de citron et d'huile d'olive. Parsemez de basilic ciselé et de 100 g de cubes de mozzarella. Mélangez. Réservez 1 demi-heure au réfrigérateur avant de servir. Une alliance vitaminée et gourmande.

LES BONNES ASSOCIATIONS

- Le canard, les viandes blanches et le foie gras
- Les crevettes et les coquilles Saint-Jacques
- La cannelle, le curry, le poivre, la vanille, le gingembre
- Le basilic, la menthe, la verveine, l'estragon
- Le miel et les amandes
- Les fruits rouges, les abricots, le melon, les poires et les agrumes
- Pochées dans du vin rouge

En crumble avec des groseilles

En soupe glacée avec du vin moelleux

L'astuce du maraîcher

Pour retirer le noyau, coupez la pêche en deux et faites pivoter chaque moitié dans le sens opposé.

L'ABRICOT

Sa peau douce, veloutée et orangée regorge de soleil. On l'aime nature, juteux et parfumé, mais aussi en tarte, en mousse ou en clafoutis. Et son goût acidulé fait merveille dans les plats sucrés-salés avec l'agneau ou les volailles.

BIEN LE CHOISIR

Choisissez des abricots souples au toucher, mais pas mous, bien parfumés et à la peau veloutée. Les premiers abricots apparaissent en juin sur nos étals. Dépêchez-vous, ils disparaissent à la fin du mois d'août.

CONNAÎTRE LES VARIÉTÉS

Le **bergeron** est un gros fruit jaune safran, rouge à maturité, ferme et très savoureux. C'est l'abricot le plus consommé en France.
L'**orangé de Provence**, oblong et orangé, possède une chair fine, fondante et parfumée.
Le **lambertin n° 1** est oblong, jaune orangé teinté de rouge.
L'**orangered** est un gros fruit oblong et plat, orange cuivré avec une face rouge. Sa chair ferme, au parfum musqué, se tient bien à la cuisson.
Le **jumbocot** (ou **goldrich**) est une variété américaine qui produit de gros fruits parfumés, sucrés et juteux. C'est une des variétés les plus acidulées.
Le **rouge du Roussillon** est une variété à petits fruits ronds, orange clair tachetés de rouge. Sa chair ferme et parfumée est idéale pour les confitures.

COMMENT LE CONSERVER

Les abricots se conservent 5 jours à température ambiante. Évitez-leur le passage au réfrigérateur.

SAVOIR LE PRÉPARER

Inutile de peler les abricots, il suffit de les rincer à l'eau froide.

Le saviez-vous ?

L'abricot doit son nom latin (praecoquum) *à sa précocité. C'est en effet l'un des premiers arbres fruitiers de l'année à fleurir.*

MOUSSE À L'ABRICOT

Pour 4 personnes

Préparation : 15 min
Cuisson : 2 min
Réfrigération : 2 h

- *600 g d'abricots mûrs*
- *4 feuilles de gélatine*
- *60 g de sucre*
- *1 sachet de sucre vanillé*
- *3 œufs*
- *une dizaine de spéculoos*

1. Placez 4 verrines au réfrigérateur.

2. Lavez, dénoyautez et coupez les abricots en morceaux. Passez-les au mixeur jusqu'à obtenir un coulis.

3. Faites ramollir les feuilles de gélatine 5 minutes dans un bol d'eau froide. Égouttez-les et essorez-les délicatement.

4. Faites chauffer à feu doux 5 cl d'eau avec le sucre et le sucre vanillé sans cesser de remuer. Quand le sucre est dissous, retirez du feu et ajoutez les feuilles de gélatine. Laissez-les fondre. Mélangez avec le coulis d'abricot.

5. Séparez les blancs des jaunes d'œufs. Montez les blancs en neige ferme avec une pincée de sel.

6. Incorporez délicatement les blancs en neige à la préparation aux abricots à l'aide d'une spatule.

7. Émiettez des spéculoos au fond des verrines et répartissez-y la mousse. Réservez au réfrigérateur au moins 2 heures.

PLEIN D'IDÉES POUR LE CUISINER

VITE FAIT, BIEN FAIT !

• **Brioche perdue aux abricots :** faites cuire 10 abricots coupés en quartiers dans un peu de beurre avec 1 c. à s. de miel et 2 c. à s. d'eau. Ajoutez 2 brins de romarin, couvrez et laissez cuire 5 minutes. Battez 1 œuf en omelette avec 1 c. à s. de sucre. Ajoutez 15 cl de lait. Trempez 4 tranches de brioche dans le lait puis faites-les dorer 2 minutes de chaque côté à la poêle. Déposez les tranches de brioche dans des assiettes, recouvrez des quartiers d'abricots. Un goûter gourmand aux saveurs d'antan.

• **Mijoté d'agneau aux abricots :** dans une cocotte, faites dorer pendant 5 minutes 1 kg de gigot d'agneau coupé en dés et 2 oignons émincés. Ajoutez 3 tomates coupées en tranches, 2 c. à s. de miel, des épices (cannelle, gingembre, cumin) et 20 cl d'eau. Salez, couvrez et laissez cuire 1 heure. Ajoutez une vingtaine d'abricots coupés en deux. Ajoutez de l'eau et du sel si nécessaire. Laissez mijoter 30 minutes supplémentaires. Servez avec du riz blanc et de la coriandre fraîche.

• **Papillotes d'abricots à la lavande :** déposez sur deux feuilles de papier sulfurisé 5 abricots coupés en deux (face bombée sur le papier). Nappez de miel, ajoutez un zeste de citron et quelques brins de lavande. Fermez les papillotes. Passez 10 minutes au four à 180 °C. Servez avec une boule de glace à la vanille et régalez-vous !

LES BONNES ASSOCIATIONS

- L'agneau, le poulet, le canard et les viandes blanches
- Les pommes, les poires, les amandes grillées, le melon, les raisins secs et les fruits rouges
- La verveine, la menthe, le thym, la coriandre, la lavande, le romarin
- La cannelle, la cardamome, la vanille, le gingembre, le cumin, le poivre
- Le riz au lait
- La mâche ou les épinards, en salade

L'astuce du maraîcher

Pour que la pâte de la tarte aux abricots ne soit pas détrempée, déposez sur le fond de tarte de la poudre d'amandes ou des biscuits secs émiettés. Puis placez les demi-abricots côté bombé sur la pâte.

LE MELON

Délicieusement parfumé, juteux et tellement désaltérant, le melon est le fruit vedette de l'été. On aime croquer dedans à pleines dents mais aussi le déguster en soupe glacée ou en salade avec du chèvre frais ou des crustacés.

BIEN LE CHOISIR

Choisissez un melon lourd en main, ferme et bien parfumé. Des craquelures près du pédoncule attestent de sa maturité.
On trouve le melon de juin à septembre.

CONNAÎTRE LES VARIÉTÉS

Le **charentais** possède une écorce lisse vert clair ; sa chair orangée est sucrée et bien parfumée.
Le **gallia**, à l'écorce brodée, a une chair verte et sucrée.
Les **melons jaune et vert**, en forme de ballon de rugby, ont une chair blanche, sucrée et désaltérante.

COMMENT LE CONSERVER

Le melon n'aime pas le froid : évitez de le garder au réfrigérateur. S'il fait trop chaud, conservez-le quelques jours dans le bac à légumes, enfermé dans une boîte hermétique pour éviter que son parfum prononcé ne se transmette aux autres aliments.

SAVOIR LE PRÉPARER

Coupez-le en deux et retirez les graines à l'aide d'une cuillère. Il ne vous reste plus qu'à le couper en quartiers ou en tranches. Ou à prélever des billes à l'aide d'une cuillère parisienne, pour une présentation plus originale.

Le saviez-vous ?

Le melon appartient à la famille des cucurbitacées. Son nom vient du grec melopepon *qui signifie « fruit cuit par le soleil ».*

Melons Brodé
CAVAillon
1€
95

SOUPE GLACÉE DE MELON ET SA PETITE BROCHETTE

Pour 4 personnes

Préparation : 20 min
Réfrigération : 2 h

- *3 melons charentais*
- *1 bouquet de basilic*
- *1 citron vert*
- *4 c. à s. d'huile d'olive*
- *3 tranches fines de jambon de Parme*
- *12 tomates cerise*

1. Coupez les melons en deux et retirez les pépins.

2. Prélevez 12 billes de melon à l'aide d'une cuillère parisienne. Évidez le reste de la chair et gardez les 4 demi-melons évidés.

3. Ciselez une vingtaine de feuilles de basilic. Pressez le citron vert.

4. Coupez la chair du melon en dés et passez-la au mixeur. Ajoutez 10 cl d'eau, le basilic ciselé, le jus de citron et l'huile d'olive. Mixez afin d'obtenir un mélange bien lisse. Poivrez.

5. Réservez au frais au moins 2 heures dans un récipient hermétique.

6. Découpez les tranches de jambon en fines lanières. Rincez les tomates cerise.

7. Réalisez 4 brochettes en faisant alterner sur chacune 3 billes de melon, 3 feuilles de basilic, 3 lanières de jambon repliées en accordéon et 3 tomates cerise.

8. Répartissez la soupe dans les demi-melons évidés et posez une brochette sur le bord.

PLEIN D'IDÉES POUR LE CUISINER

VITE FAIT, BIEN FAIT !

• **Melon aux fruits rouges :** coupez des melons en deux, retirez les graines, évidez les demi-melons en prélevant des billes de chair à l'aide d'une cuillère parisienne. Mélangez les billes de melon avec des fruits rouges et un peu de sucre. Arrosez de muscat et de jus de citron. Remplissez les demi-melons évidés de billes de melon et de fruits rouges. Placez les melons dans un saladier de glaçons. Servez très frais.

• **Salade de melon au concombre et à la menthe :** épluchez un concombre et retirez les graines. Coupez un melon en deux, retirez les graines. Détaillez le melon et le concombre en bâtonnets. Mélangez avec une échalote hachée et parsemez de menthe hachée. Salez et poivrez. Préparez une sauce à base de yaourt grec, d'huile d'olive et de jus de citron. Réservez au frais au moins 1 heure avant de servir. Nappez de sauce et mélangez. Un remède infaillible contre la canicule !

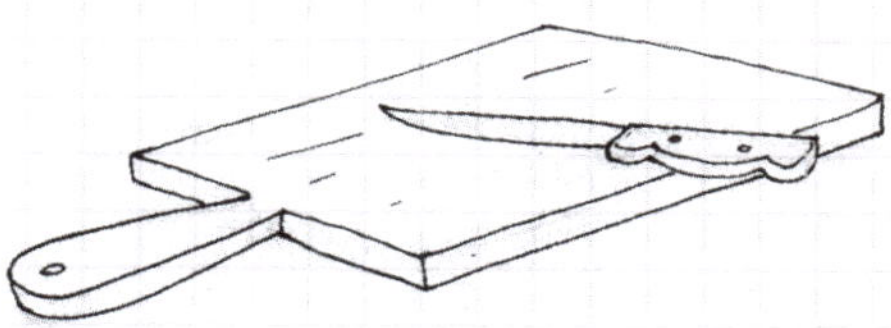

LES BONNES ASSOCIATIONS

- L'avocat, le fenouil, le céleri, les tomates cerise, la mâche
- La figue, la pêche, l'abricot, le pomelo, le citron vert, les fruits rouges
- La menthe, l'estragon, le basilic, la ciboulette
- Le gingembre, la cannelle, la badiane, le poivre, l'anis
- Le jambon cru (Parme, San Daniele, Bayonne, Serrano), la volaille et le porc
- Les crevettes, les crustacés, les fruits de mer et les poissons fumés
- Les fromages de chèvre frais, la feta et le roquefort
- Les vins moelleux, le muscat et le porto

En brochettes pour l'apéritif : tomate cerise-melon-chèvre frais ; melon-figue-céleri ; melon-jambon cru-feta

En confiture avec des poires ou de l'ananas

L'astuce du maraîcher

Pour rendre votre melon plus sucré, salez-le ! Coupez-le en deux, salez toute la surface et réservez 1 heure au réfrigérateur. Essuyez le sel et dégustez un melon délicieusement sucré !

LA PASTÈQUE

Quand le thermomètre s'affole, rien ne vaut une tranche de pastèque pour étancher sa soif. Transformée en granité ou en jus, elle garantit une fraîcheur revigorante. Pensez aussi à l'inviter dans vos salades estivales, salées ou sucrées.

BIEN LA CHOISIR

La pastèque doit être lourde et ferme à l'achat. Tapotez dessus et tendez l'oreille : elle doit sonner creux. Si vous l'achetez en tranches, sa chair doit afficher un rouge soutenu. On la trouve de juin à septembre.

CONNAÎTRE LES VARIÉTÉS

La **charleston gray** est une très grosse pastèque, oblongue et à la peau vert clair marbrée.
La **crimson sweet** est ronde, striée de vert foncé et de vert clair, avec des petits pépins.
La **sugar baby**, de forme ovale, a la peau vert foncé unie. C'est la plus sucrée.

COMMENT LA CONSERVER

Comme le melon, la pastèque craint le froid. Si elle n'est pas assez mûre, conservez-la à température ambiante une semaine. Une fois mûre, placez-la quelques jours dans le bas du réfrigérateur. Si elle est entamée ou coupée en tranches, recouvrez-la d'un film alimentaire.

GRANITÉ DE PASTÈQUE

Préparation : 30 min. Congélation : 3 heures

Pour 6 personnes

❀ 800 g de chair de pastèque mûre
❀ 2 c. à s. d'eau de fleur d'oranger
❀ 80 g de sucre glace ❀ 1 citron

1. Coupez la pastèque en tranches, retirez l'écorce et ôtez les pépins.

2. Détaillez la chair en cubes et réduisez-la en purée à l'aide d'un mixeur. Passez au chinois en pressant bien avec une cuillère.

3. Mélangez la purée avec l'eau de fleur d'oranger, le sucre glace et le jus du citron.

4. Versez la préparation dans un bac en plastique et placez 3 heures au congélateur.

5. Lorsque le mélange commence à prendre (au bout de 1 heure environ), remuez-le avec une fourchette. Recommencez l'opération toutes les heures.

6. Servez dans des coupelles et décorez avec des feuilles de menthe.

PLEIN D'IDÉES POUR LA CUISINER

• **Salade de pastèque à la feta :** retirez les pépins d'une demi-pastèque et coupez-la en gros dés. Mélangez avec 150 g de feta coupée en dés et 2 oignons blancs émincés. Ajoutez des olives noires coupées en deux. Arrosez d'huile d'olive. Salez, poivrez et parsemez de menthe ciselée. Mélangez délicatement. Couvrez et réservez au réfrigérateur avant de servir. Léger et rafraîchissant.

• **Smoothie à la pastèque :** retirez les pépins d'une pastèque et coupez-la en cubes. Laissez-les mariner 1 heure au réfrigérateur avec 2 citrons verts coupés en quartiers et 50 g de sucre en poudre. Passez à la centrifugeuse et ajoutez 15 cl d'eau pétillante et un trait de sirop de grenadine. Servez bien frais. Une boisson très désaltérante à déguster à la paille.

L'astuce du maraîcher

Récupérez une demi-pastèque évidée et utilisez-la comme saladier pour présenter une salade de fruits, jolie, jolie.

LA PRUNE

On adore les prunes en tarte et en confiture. Elles s'épanouissent aussi en gâteau, en crumble ou en clafoutis. Et les belles pulpeuses et sucrées ne dédaignent pas non plus la compagnie des épices dans des petits plats mitonnés.

BIEN LA CHOISIR

Choisissez des prunes souples mais pas molles et évitez les fruits trop durs qui manquent de maturité. La pruine (pellicule blanchâtre) qui les recouvre est un gage de fraîcheur.
La saison des prunes s'étend de juillet à fin septembre.

CONNAÎTRE LES VARIÉTÉS

La **reine-claude** est une prune à la peau vert-jaune et à la chair ferme. Elle est juteuse, sucrée et parfumée.
La **quetsche** est une grosse prune violette à la chair jaune et sucrée.
La **mirabelle** est une petite prune ronde, dorée et sucrée. Celle de Metz est la plus prisée des amateurs. Elle est petite, très sucrée et possède une peau fine. La mirabelle de Nancy est plus grosse et sa peau est plus épaisse.

COMMENT LA CONSERVER

Les prunes se conservent 1 semaine dans le bac à légumes du réfrigérateur.

SAVOIR LA PRÉPARER

Sortez les prunes du réfrigérateur au moins 30 minutes avant de les consommer.
Rincez les prunes, coupez-les en deux et retirez le noyau.

Le saviez-vous ?

La reine-claude doit son nom à la reine Claude, fille de Louis XII et épouse de François Ier.

TARTE AUX REINES-CLAUDES ET AUX AMANDES

Pour 6 personnes

Préparation : 15 min
Cuisson : 40 min

- *1 pâte brisée*
- *200 g de sucre*
- *800 g de reines-claudes*
- *100 g de beurre*
- *1 œuf*
- *100 g de poudre d'amandes*

1. Préchauffez le four à 210 °C (th. 7).

2. Garnissez de pâte un moule à tarte légèrement beurré. Piquez la pâte à la fourchette. Faites cuire à blanc 15 minutes.

3. Faites chauffer 20 cl d'eau et 100 g de sucre dans une casserole. Faites bouillir jusqu'à obtention d'un sirop. Rincez les prunes, coupez-les en deux et retirez les noyaux. Pochez-les 3 minutes dans le sirop. Retirez-les et réservez le sirop.

4. Faites fondre le beurre. Puis mélangez le sucre, l'œuf entier, la poudre d'amandes et le beurre fondu.

5. Retirez le fond de tarte du four, nappez avec la crème d'amandes.

6. Disposez les demi-fruits côté bombé contre la pâte, en les faisant se chevaucher légèrement.

7. Enfournez 20 minutes environ. À mi-cuisson, nappez les fruits du sirop.

PLEIN D'IDÉES POUR LA CUISINER

VITE FAIT, BIEN FAIT !

• Carré de porc aux mirabelles : placez un carré de porc huilé dans un plat à four. Faites des incisions dans le carré de porc et glissez-y des lamelles d'ail et de gingembre. Salez, poivrez et parsemez de thym émietté. Faites cuire 1 heure au four à 180 °C en arrosant régulièrement la viande du jus de cuisson. Ajoutez un peu d'eau chaude si nécessaire. Déposez 500 g de mirabelles dénoyautées et coupées en deux autour du carré. Poursuivez la cuisson 20 minutes. Pour les amateurs de sucré-salé.

• Gâteau moelleux aux quetsches : mélangez 80 g de beurre fondu avec 80 g de farine, 1 sachet de levure chimique, 100 g de sucre, 2 sachets de sucre vanillé et 80 g de poudre d'amandes. Ajoutez 3 œufs et fouettez jusqu'à obtenir une pâte homogène. Versez la moitié de la pâte dans un moule beurré. Répartissez une vingtaine de quetsches lavées, dénoyautées et coupées en deux. Recouvrez du reste de pâte. Enfournez 40 minutes à 180 °C (th. 6). Un dessert léger et gourmand.

• Liqueur de prune maison : rincez 1 kg de prunes et retirez les noyaux. Mettez les prunes dans un bocal hermétique, recouvrez d'1 litre d'eau-de-vie à 40° et versez 1 kg de sucre candy. Laissez macérer au moins 6 mois à l'abri de la lumière. Et épatez vos invités avec votre liqueur maison. À consommer, évidemment, avec modération.

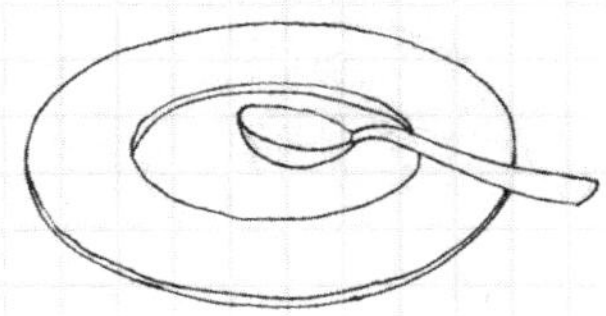

LES BONNES ASSOCIATIONS

- L'agneau, le porc, les viandes blanches et la volaille
- Les pistaches, les noix, les noisettes, les amandes
- Le vin rouge, l'eau-de-vie et le vin blanc moelleux
- La cannelle, le gingembre, la cardamome, le clou de girofle, le poivre
- Le miel
- Un plateau de fromages

L'astuce du maraîcher

Pour éviter que le jus des fruits ne détrempe la pâte des tartes, posez les demi-prunes face coupée vers le haut.

LA FIGUE

Facile à cuisiner, la figue s'invite à tous vos instants gourmands. Gorgée de sucre, elle ensoleille les viandes blanches ou le canard et se transforme en un clin d'œil en desserts simples et raffinés. Un fruit nommé plaisir.

BIEN LA CHOISIR

Choisissez des figues ni trop mûres ni trop fermes. Elles ne doivent être ni humides ni ouvertes. Une gouttelette blanche qui perle à la base du fruit est signe de fraîcheur. On trouve des figues de juillet à octobre.

CONNAÎTRE LES VARIÉTÉS

La **figue violette de Solliès** est en forme de toupie. Elle possède une peau violet foncé et une chair grenat, très parfumée.
La **dauphine** ou **boule d'or** est une figue verte à la chair rose, très savoureuse et fragile.
La **pastillière** ou **rouge de Bordeaux** a une peau bleu vif (rose autour du pédoncule) et une chair couleur framboise.
La **figue col de dame noir**, en forme de poire, possède un large col allongé et une chair très sucrée.

COMMENT LA CONSERVER

Les figues sont fragiles et doivent être consommées rapidement. Si vous les avez achetées immatures, vous pouvez les conserver quelques jours à température ambiante.

SAVOIR LA PRÉPARER

Rincez-la rapidement et séchez-la avec du papier absorbant. Pour découper des figues bien mûres, utilisez un couteau bien aiguisé pour ne pas les écraser.

FIGUES POCHÉES AU VIN DOUX ET AUX ÉPICES

Pour 4 personnes

Préparation : 10 min. Cuisson : 15 min

❀ 1 orange ❀ 1 litre de vin doux naturel (maury) ❀ 3 capsules de cardamome ❀ 2 étoiles de badiane ❀ 1 clou de girofle ❀ 4 grains de poivre noir ❀ 12 figues

1. Lavez l'orange et coupez-la en quartiers.
2. Dans une grande casserole, faites chauffer le vin doux, les épices et les quartiers d'orange. Faites réduire des deux tiers à feu doux et laissez refroidir.
3. Rincez rapidement les figues et essuyez-les. Piquez-les par endroits avec la pointe d'un couteau. Placez-les, queues en l'air, dans la casserole. Portez à ébullition. Retirez du feu.
4. Laissez macérer les figues dans le sirop au frais pendant au moins 4 heures. Passez le sirop au chinois.
5. Servez les figues dans des coupelles et nappez-les de sirop.

PLEIN D'IDÉES POUR LA CUISINER

• **Tartelettes aux figues et à la cannelle :** à l'aide d'un bol, découpez 4 cercles dans une pâte feuilletée toute prête. Placez les disques de pâte sur du papier sulfurisé. Piquez la pâte à la fourchette et saupoudrez-la de cannelle. Émincez 8 figues en tranches fines. Déposez-les sur la pâte, saupoudrez de poudre d'amandes et nappez d'un filet de miel. Faites cuire 20 minutes au four à 200 °C (th. 6-7). Un régal.

• **Figues rôties au chèvre :** coupez les figues en 4 sans aller jusqu'au bout, ouvrez-les et retirez un peu de chair. Mélangez du chèvre frais avec un filet d'huile d'olive et du miel liquide. Farcissez l'intérieur des figues de ce mélange. Décorez d'un brin de romarin. Passez au four 15 minutes à 180 °C (th. 6). Une entrée raffinée sucrée-salée.

• **Figues poêlées au miel :** coupez des figues en deux, faites-les revenir face ouverte dans la poêle dans du beurre. Nappez de miel. Laissez cuire 10 minutes, retournez-les en cours de cuisson. Parsemez de fleur de sel. Ces figues douces et fondantes accompagnent à merveille un magret de canard ou un foie de veau.

LE CASSIS ET LA GROSEILLE

La groseille et le cassis font partie des délices de l'été. Leurs arômes intenses s'intègrent avec bonheur dans les desserts aux fruits rouges ou dans une sauce pour accompagner une viande.

BIEN LES CHOISIR

Choisissez des groseilles intactes et bien colorées et du cassis à petits grains noirs et brillants. Vérifiez à travers le fond de la barquette qu'il n'y a pas de fruits écrasés. La saison de la groseille et du cassis est courte : juillet et août.

COMMENT LES CONSERVER

Le cassis et la groseille se conservent jusqu'à deux jours dans le bac à légumes du réfrigérateur.

SAVOIR LES PRÉPARER

Pour égrapper les groseilles, tirez délicatement les fruits avec les doigts pour les détacher. Inutile de les épépiner. Rincez le cassis ou la groseille sous un filet d'eau directement dans la barquette ou dans une passoire. Étalez les grains sur du papier absorbant pour les sécher délicatement. Comme les autres fruits rouges, n'oubliez pas de les sortir du réfrigérateur au moins 15 minutes avant de les déguster.

Le saviez-vous ?

Cousin proche du groseillier, le cassissier a longtemps été considéré comme un fruit miraculeux : on le pensait capable de guérir les migraines, les fièvres et même la mélancolie.

GRATIN DE FRUITS ROUGES AU CHAMPAGNE

Pour 4 personnes

Préparation : 20 min
Cuisson : 15 min

- *4 œufs*
- *100 g de sucre*
- *10 cl de champagne*
- *10 cl de crème liquide entière*
- *500 g de fruits rouges (cassis, groseilles, framboises, mûres, fraises…)*
- *50 g de sucre glace*

1. Séparez les blancs des jaunes d'œufs. Placez les jaunes et le sucre dans un cul-de-poule qui résiste à la chaleur. Fouettez énergiquement jusqu'à obtenir un mélange mousseux.

2. Mettez le cul-de-poule au bain-marie dans une casserole. Incorporez petit à petit le champagne sans cesser de remuer.

3. Laissez cuire au bain-marie en fouettant sans cesse, jusqu'à ce que la préparation épaississe et devienne mousseuse (10 minutes environ). Retirez du feu et laissez refroidir 5 minutes.

4. Battez la crème liquide au fouet jusqu'à obtenir une consistance assez ferme. Incorporez très délicatement la crème battue au sabayon refroidi.

5. Coupez les plus gros fruits en deux et disposez tous les fruits dans des plats individuels passant au four. Nappez-les de sabayon et saupoudrez de sucre glace.

6. Mettez les plats au four et faites gratiner 2 minutes sous le gril du four en surveillant la coloration.

PLEIN D'IDÉES POUR LES CUISINER

VITE FAIT, BIEN FAIT !

• **Gâteau moelleux aux groseilles :** fouettez 8 blancs d'œufs en neige et incorporez peu à peu 200 g de sucre sans cesser de fouetter. Ajoutez 150 g de poudre d'amandes, 35 g de fécule de pomme de terre et le zeste d'un citron blanchi. Mélangez. Ajoutez 500 g de groseilles. Mélangez délicatement et versez la préparation dans un moule à cake beurré et fariné. Recouvrez d'amandes effilées. Faites cuire 40 minutes au four à 160 °C (th. 5-6). Servez tiède avec un coulis de fruits rouges. Léger et acidulé.

• **Sauce au cassis :** dans une poêle, faites revenir 2 échalotes émincées dans du beurre. Lorsqu'elles sont transparentes, ajoutez 200 g de grains de cassis. Écrasez les grains à l'aide d'une fourchette. Ajoutez 20 cl de bouillon de volaille, 15 cl de porto, laissez réduire un quart d'heure puis incorporez 20 cl de crème liquide. Salez et poivrez. Servez avec un rôti de bœuf, du canard, une volaille ou une viande blanche.

• **Tartelettes au cassis :** abaissez une pâte brisée sur 6 moules à tartelette beurrés et farinés. Mélangez 100 g de sucre et 100 g de poudre d'amandes. Répartissez sur les fonds de tarte et recouvrez de 500 g de cassis. Saupoudrez de sucre. Faites cuire 30 minutes à 180 °C (th. 6). Laissez tiédir les tartes sur une grille puis recouvrez-les de crème fouettée. Gourmand à souhait.

LES BONNES ASSOCIATIONS

- Les autres fruits rouges dans les sabayons, les coulis, les gratins, les charlottes
- Les pommes ou les poires dans un crumble
- Le fromage blanc au miel
- Un gâteau au chocolat
- Du foie gras poêlé

La groseille :

- Un plateau de charcuterie
- Poêlée rapidement au beurre, pour accompagner un magret de canard

Le cassis :

- Une salade de foies de volaille et de gésiers confits
- Le gibier (en purée, pour parfumer une sauce)
- Le chocolat noir

L'astuce du maraîcher

Vous craignez l'acidité des groseilles ? Faites-les macérer une demi-heure dans du sucre en poudre.

LE RAISIN

Noir ou blanc, le raisin est croquant et juteux à souhait. Le plus souvent consommé cru, il se prête aussi à des cuissons rapides. Essayez-le dans les salades composées, pour accompagner des volailles ou un plateau de fromages.

BIEN LE CHOISIR

Choisissez des raisins aux grains fermes, sans taches, ni mous ni ridés. La pruine, pellicule blanchâtre qui recouvre la peau, est un gage de fraîcheur. Les différentes variétés de raisin sont vendues d'août à novembre.

CONNAÎTRE LES VARIÉTÉS

Le **muscat de Hambourg** est un raisin à petits grains rouge grenat au goût musqué, à la texture ferme. Il se prête bien aux plats en sauce.
Le raisin **Alphonse Lavallée**, aux beaux grains noirs, convient bien aux tartes.
Le **muscat** a de petits grains ronds de couleur dorée et possède une saveur de fleurs et de miel. Il n'aime pas la cuisson.
L'**Italia** possède de très gros grains, jaunes, croquants et juteux. Il est facile à épépiner et idéal pour accompagner des viandes.

COMMENT LE CONSERVER

Le raisin se conserve 5 jours dans le bac à légumes du réfrigérateur, enveloppé dans un sac en papier. Retirez auparavant les grains abîmés.

CHEESECAKE AUX RAISINS

Pour 4 personnes

Préparation : 15 min. Cuisson : 2 min
Réfrigération : 4 h

❀ 125 g de beurre ❀ 250 g de galettes bretonnes ❀ 3 feuilles de gélatine ❀ 2 citrons bio ❀ 450 g de fromage frais (Saint Môret) ❀ 20 cl de crème fraîche ❀ 75 g de sucre ❀ 500 g de raisin

1. Faites fondre le beurre. Émiettez les biscuits, et ajoutez le beurre fondu. Mélangez.

2. Posez un cercle à pâtisserie de 20 cm de diamètre et 4 cm de haut sur une grande assiette. Remplissez-le du mélange biscuits-beurre. Tassez bien. Placez au réfrigérateur.

3. Faites ramollir quelques minutes les feuilles de gélatine dans un bol d'eau tiède. Égouttez-les et essorez-les entre vos mains.

4. Rincez les citrons, pressez-les, prélevez le zeste d'un citron et hachez-le.

5. Faites chauffer le jus de citron et faites-y fondre les feuilles de gélatine essorées.

6. Mélangez le fromage frais, la crème fraîche, le sucre, le zeste et le jus de citron. Fouettez jusqu'à obtention d'un mélange homogène.

7. Étalez la crème sur le biscuit durci. Réservez 4 heures au réfrigérateur.

8. Avant de servir, rincez les grains de raisin et recouvrez-en le cheesecake.

PLEIN D'IDÉES POUR LE CUISINER

• Salade de raisins au sirop de gingembre : faites chauffer 40 cl d'eau, 10 cl de banyuls, 100 g de cassonade et 5 cm de gingembre frais haché. Laissez bouillir 10 minutes. Versez le sirop sur les grains d'une grappe de raisins blancs et d'une grappe de raisins noirs. Réservez au réfrigérateur 3 heures au minimum. À déguster très frais.

• Cailles aux raisins : placez une noisette de beurre poivré et salé à l'intérieur de 4 cailles. Farinez-les. Dans une cocotte, faites dorer 4 cailles dans 50 g de beurre. Retournez-les de tous les côtés. Quand les cailles sont dorées, recouvrez-les de 20 cl de vin blanc et du jus d'un citron. Couvrez et laissez mijoter un quart d'heure à feu doux. Pelez et épépinez 1 grappe de raisin blanc et 1 grappe de raisin noir. Mettez les raisins dans la cocotte et laissez cuire un quart d'heure de plus. Un accord parfait sucré-salé.

• Salade de lentilles, chou et raisins : mélangez un quart de chou blanc émincé, 200 g de raisins noirs coupés en deux, 150 g de lentilles cuites et 2 échalotes hachées. Arrosez de vinaigrette à la moutarde et parsemez de persil ciselé. Une alliance originale.

Chez le boucher

LA PINTADE

Moitié volaille, moitié gibier, mi-poulet, mi-faisan, la pintade à la robe gris-bleu à pois blancs offre une chair fine et ferme au goût typé.

Comment la choisir ?

Choisissez une pintade jeune à la peau intacte, brun orangé, à la chair rosée, d'un poids compris entre 1,2 kg et 1,6 kg, et de préférence fermière Label rouge.

Conservation

10 jours dans le bas du réfrigérateur.

Des idées pour la cuisiner

La pintade aime les fruits (raisins, pêches, pommes, figues, abricots, dattes…), le miel, les champignons, tous les choux et même le lait de coco.

Pintade au cidre : dans une cocotte, faites dorer une pintade dans du beurre sur toutes ses faces pendant 10 minutes. Versez 30 cl de cidre brut, 15 cl de bouillon de volaille, 3 c. à s. de calvados et 50 g de noix hachées. Couvrez et laissez cuire 1 heure à feu doux. Ajoutez 5 c. à s. de crème fraîche, salez et poivrez. Servez avec un riz blanc.

LE POULET

Que serait un dimanche en famille sans poulet rôti ? En été, variez les plaisirs : c'est le moment de faire griller le poulet au barbecue et de multiplier les marinades.

Comment le choisir ?

Choisissez un poulet à la peau fine et à la chair ferme. Privilégiez les poulets fermiers Label rouge élevés en plein air.

Conservation

3 jours dans son emballage d'origine au réfrigérateur.

Des idées pour le cuisiner

Poulet pili-pili à la portugaise : coupez un poulet en 2 dans la longueur et aplatissez-le. Glissez des brins de romarin sous la peau. Entaillez à plusieurs endroits la chair du poulet. Pilez 3 gousses d'ail, 2 petits piments verts, 1 poignée de gros sel et 1 grosse c. à s. de pili-pili (ou de Tabasco). Ajoutez un verre de vin blanc et 10 cl d'huile d'olive. Badigeonnez le poulet de la préparation. Laissez mariner au moins 4 heures. Faites griller sur le barbecue en arrosant régulièrement de marinade.

LE MOUTON

Cuisinée lors des repas de fête chez les chrétiens, les juifs et les musulmans, la viande de mouton possède une saveur plus prononcée que celle de l'agneau.

Comment le choisir ?

La viande de mouton doit être rouge foncé, ferme et sa graisse blanche.

Les bons morceaux

À rôtir : le gigot, la selle anglaise, le carré entier, l'épaule.

À griller : les côtelettes.

À braiser ou à mijoter : le collier, la poitrine ou l'épaule.

Conservation

1 semaine dans son emballage d'origine au réfrigérateur.

Des idées pour le cuisiner

Mouton braisé à la menthe : dans une cocotte, faites dorer quelques minutes dans de l'huile d'olive 3 oignons et 2 gousses d'ail émincés. Ajoutez une épaule de mouton coupée en morceaux, une pincée de piment en poudre et 1 c. à c. de curcuma. Recouvrez de 20 cl d'eau et de 10 cl de vin blanc. Couvrez et laissez mijoter 1 heure. Ajoutez le jus d'un citron et 1 bouquet de menthe ciselée. Rectifiez l'assaisonnement et poursuivez la cuisson 5 minutes.

LE BŒUF

Le bœuf a toute sa place en été : profitez de cette période pour le déguster cru, en carpaccio et en tartare.

Comment le choisir ?

Choisissez une viande rouge vif, tendre et persillée. Le top : viande d'Aubrac ou de Salers.

Les bons morceaux

Pour le carpaccio ou le tartare : filet, cœur d'entrecôte ou rond de tranche.

Conservation

3 jours dans son emballage d'origine au réfrigérateur.

Des idées pour le cuisiner

Carpaccio : placez la viande 30 minutes au congélateur pour pouvoir la trancher plus facilement. Variez les marinades : huile d'olive et herbes fraîches (basilic, coriandre, ciboulette, persil, thym…) ; gorgonzola, citron, noix, huile d'olive et roquette ; champignons de Paris, câpres, huile d'olive, parmesan et citron.

Steak tartare : hachez la viande au couteau et mélangez avec des pistaches, de la roquette, du vinaigre et de l'huile d'olive ou bien du miel, de la sauce soja, du gingembre, du vinaigre et de la moutarde.

Chez le poissonnier

LE THON

Le thon, c'est bon, et le thon blanc, c'est excellent ! D'autant qu'aujourd'hui, le thon rouge est menacé par la surpêche. Pour profiter de toutes ses saveurs, dégustez le thon blanc (ou germon) cru, rapidement saisi ou longuement mijoté.

Comment le choisir ?

Choisissez un thon très frais avec une chair de couleur nette et homogène, sans traces de marbrure.

Conservation

2 jours au réfrigérateur.

Des idées pour le cuisiner

Il se cuisine comme une viande blanche : glissez-le dans une ratatouille ou un coulis de tomates et d'oignons et laissez-le mijoter. Cuit au court-bouillon, il entre dans les salades composées ou se transforme en savoureuses rillettes.

Tartare de thon à la Tahitienne : coupez 500 g de thon en dés. Mélangez 15 cl de lait de coco, 1 petit piment rouge émincé, 2 cm de gingembre haché et le jus de 3 citrons verts. Versez sur le thon ; ajoutez 1 zeste de citron haché, 1 tomate et 1 concombre coupés en dés. Réservez 30 minutes au réfrigérateur et servez très frais.

LE CALAMAR

Qu'ils s'appellent encornets, chipirons ou encore supions, les calamars font le délice des amateurs. Leur chair ferme invite à les farcir, les faire frire ou les griller.

Comment le choisir ?

Un calamar bien frais se reconnaît à ses yeux transparents et à l'aspect nacré de ses tentacules qui doivent être fermes au toucher.

Conservation

2 jours au réfrigérateur.

Des idées pour le cuisiner

Farinez, salez et poivrez des rondelles de calamars et des morceaux de tentacules et faites-les frire 3 minutes dans de l'huile bouillante ; ou bien faites-les mijoter 1 heure en cocotte avec des oignons, des tomates, de l'ail, du vin blanc et un bouquet garni.

Calamars farcis à la feta : émiettez de la feta et mélangez-la à des dés de poivron rouge, du poivre noir, de l'origan et du persil ciselé. Remplissez-en le corps de gros calamars à l'aide d'une petite cuillère en tassant bien. Fermez avec des piques en bois. Faites cuire au four 30 minutes environ à 180 °C (th. 6). Retournez les calamars à mi-cuisson.

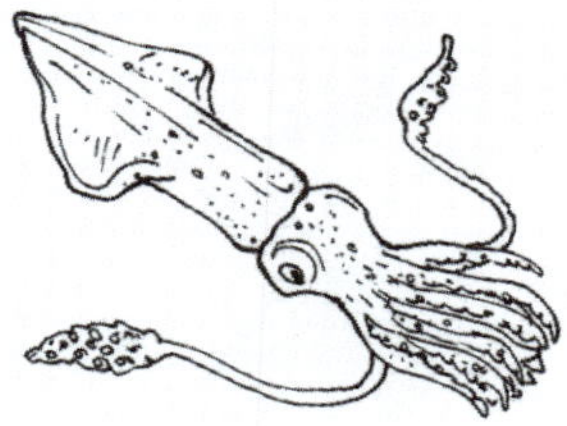

LA SARDINE

Reine du barbecue estival, la sardine mérite son statut de star : c'est le poisson le moins cher du marché, et elle est très facile à préparer : crue marinée, en tartare, frite, en rillettes et grillée, bien sûr.

Comment la choisir ?

Bien ferme, luisante, avec l'œil brillant et sans traces de sang.

Conservation

1 journée au réfrigérateur.

Des idées pour la cuisiner

Dégustez vos sardines grillées après les avoir fait mariner 1 heure dans du pastis, ou bien en carpaccio avec des lamelles de champignons de Paris, de l'aneth, de l'huile d'olive, du citron, de l'échalote et un peu de fleur de sel.

Sardines à la chermoula : préparez la chermoula en mélangeant 1 c. à c. de cumin, 1 c. à c. de paprika, 2 gousses d'ail hachées, 4 c. à s. de coriandre ciselée, 2 c. à s. de persil ciselé, 2 c. à s. de jus de citron vert, 2 c. à s. d'huile d'olive, 2 pincées de piment en poudre, du sel et du poivre. Badigeonnez l'intérieur de 10 filets de sardines d'une cuillerée à café du mélange. Pliez les filets en deux. Farinez les sardines et faites-les dorer dans de l'huile d'olive 3 minutes de chaque côté.

LE TOURTEAU

Gros crabe pêché dans les eaux profondes de l'Atlantique et de la Méditerranée, le tourteau possède une chair fine et délicate qui se décline en une multitude de recettes savoureuses.

Comment le choisir ?

Il doit être lourd et dense dans la main, bien vivant, avec une carapace et des pinces intactes (sans taches).

Conservation

1 journée dans un torchon humide dans le bas du réfrigérateur. Une fois cuit, on peut le conserver 2 jours au réfrigérateur.

Des idées pour le cuisiner

Avant de le cuisiner, le tourteau fera un passage obligé au court-bouillon.

Tourteau au curry : plongez 4 tourteaux 10 minutes dans de l'eau bouillante salée et poivrée. Laissez refroidir et récupérez le corail et la chair. Faites blondir 4 échalotes émincées dans de l'huile d'olive, versez 40 cl de vin blanc. Laissez réduire et ajoutez 50 g de mie de pain, la chair des tourteaux, de la ciboulette ciselée, 1 c. à c. de curry et une pincée de piment. Mélangez et laissez revenir 5 minutes. Remplissez les carapaces vides de la préparation, saupoudrez de chapelure, déposez une noix de beurre salé et faites gratiner 10 minutes sous le gril du four.

Chez le fromager

LE REBLOCHON

C'est au printemps et en été qu'il dégage le plus d'arômes, quand les vaches sont en alpage. Il révèle une texture onctueuse et un goût de noisette.

Comment le choisir ?

Il doit avoir une croûte jaune safran et une pâte onctueuse ivoire.

Reblochon fermier (pastille verte) : issu du lait d'un seul troupeau, fabriqué à la main et au goût plus marqué.

Reblochon laitier (pastille rouge) : fabriqué avec le lait de plusieurs exploitations.

Conservation

Dans son papier, dans le bas du réfrigérateur. Consommez-le vite une fois entamé.

Des idées pour le cuisiner

Le reblochon se marie volontiers aux fruits secs et s'intègre dans les gratins d'aubergines ou de courgettes. En salade, essayez-le avec des carottes râpées et des lamelles d'avocat arrosées de jus d'orange.

Croustillants au reblochon : sur une feuille de brick badigeonnée de beurre fondu, déposez des dés de tomate et des lamelles de reblochon. Salez et saupoudrez de piment d'Espelette. Fermez la feuille de brick et enfournez 8 minutes à 180 °C (th. 6).

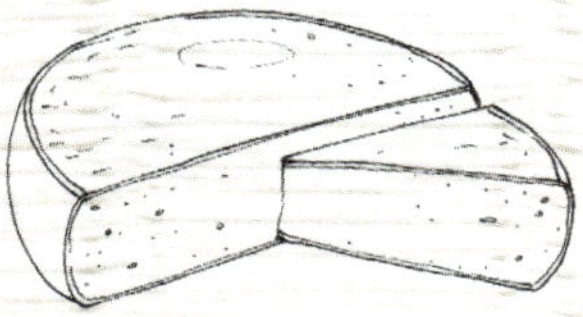

LE PÉLARDON

Petit fromage de chèvre au lait cru du Languedoc, le pélardon est AOC depuis 2000. Ce serait l'un des plus vieux fromages de chèvre d'Europe. On le déguste frais, fait (très onctueux) ou sec (plus piquant).

Comment le choisir ?

Sa croûte doit être fine et sa pâte blanche à ivoire afficher une texture homogène.

Conservation

Plusieurs semaines dans son emballage d'origine dans le bas du réfrigérateur.

Des idées pour le cuisiner

Le pélardon a toute sa place dans les salades d'été, pané ou doré au four avec un filet d'huile d'olive ou de miel. On l'aime avec des pommes et du miel mais aussi avec du magret fumé. Essayez-le en tarte fine à la tomate avec des oignons doux des Cévennes.

Pélardon rôti : sur des carrés de papier sulfurisé, versez un filet d'huile d'olive, ajoutez des feuilles de basilic et posez un pélardon. Arrosez d'huile d'olive. Poivrez et décorez de basilic. Fermez et passez sous le gril du four jusqu'à ce que le papier commence à dorer. Servez avec une salade verte.

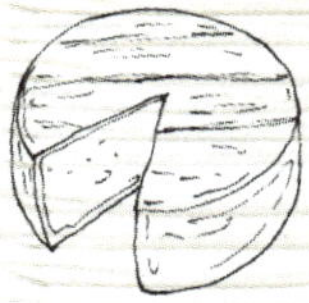

LA TOMME DE SAVOIE

Ce fromage plein d'arômes doit sa naissance à l'imagination de paysans des Alpes qui cherchaient à nourrir leur famille pendant l'hiver : ils ont fabriqué du fromage avec le lait écrémé restant de la fabrication du beurre.

Comment la choisir ?

La croûte doit être épaisse, grise, tachetée et fleurie et la pâte de couleur ivoire à jaune, parsemée de petits trous.

Conservation

1 à 2 semaines dans son papier d'emballage dans le bas du réfrigérateur.

Des idées pour la cuisiner

La tomme révèle toutes ses saveurs dans les gratins de légumes, les soupes, les œufs brouillés et les salades montagnardes.

Piccatas de veau à la tomme de Savoie : coupez des escalopes de veau en quatre morceaux. Déposez sur chacun une rondelle de tomate, une demi-tranche de poitrine fumée et une lamelle de tomme. Poivrez. Roulez serré et maintenez avec une pique en bois. Faites dorer rapidement les piccatas dans du beurre. Placez-les dans un plat à four. Versez 20 cl de vin blanc dans la poêle et laissez réduire 3 minutes. Ajoutez 3 c. à s. de crème liquide, nappez la viande de cette sauce et enfournez 20 minutes à 180 °C (th. 6).

LE BLEU D'AUVERGNE

Fromage au lait de vache à pâte persillée, le bleu d'Auvergne offre une saveur piquante et poivrée. Ce fromage de caractère se transforme en sauce pour accompagner les viandes, les poissons et les légumes crus à l'apéritif.

Comment le choisir ?

Le bleu doit afficher une pâte blanche ferme et onctueuse, persillée de moisissures bleues régulières.

Conservation

Le bleu se conserve emballé dans du film alimentaire jusqu'à 3 semaines dans le bas du réfrigérateur.

Des idées pour le cuisiner

Le bleu d'Auvergne aime la compagnie d'une côte de bœuf de Salers ou d'une poire rôtie au miel. Dans une vinaigrette, il rehausse une salade d'endives aux raisins et aux noix. Incorporé à une chantilly, il parfume un velouté de courgettes. Glissez-le aussi dans les quiches, les cakes et les soufflés.

Papillote de saumon au bleu : incisez 2 filets de saumon et insérez 50 g de bleu en lamelles dans les entailles. Posez chaque filet sur un carré d'aluminium. Recouvrez de tomates cerise. Citronnez, salez et poivrez. Fermez la papillote et enfournez 15 minutes à 180 °C (th. 6).

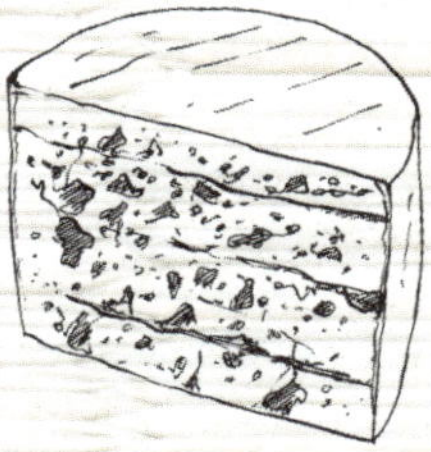

Automne

Les premiers froids arrivent, les journées raccourcissent, la cuisine se met aux couleurs automnales. Cèpes, marrons et potirons font leur apparition sur les étals du marché : invitez-les à votre table, pour un automne tout en saveurs et en douceurs. La meilleure saison aussi pour se régaler de Saint-Jacques. Profitez-en !

COIFFEUR
DAMES
LA PARISET

LE POTIRON

Gros, tout rond et joliment coloré, le potiron décore élégamment les étals du marché d'automne. Il se décline en une multitude de variétés, de formes et de couleurs. De l'entrée au dessert, il nous régale de ses saveurs douces et raffinées et de ses textures moelleuses.

BIEN LE CHOISIR

L'écorce doit être dure et régulière, sans taches ni craquelures. Si vous l'achetez en tranches, vérifiez sa fraîcheur : la tranche doit être de couleur uniforme, sans traces de moisissure et remplie de graines. Il nous régale d'octobre à décembre.

CONNAÎTRE LES VARIÉTÉS

Le **jaune gros de Paris**, à la chair jaune foncé tendre et sucrée, est parfait pour les soupes.

Le **rouge vif d'Étampes** est la variété la plus courante. Elle se prête à toutes les recettes.

Le **potimarron**, appelé aussi « potiron doux d'Hokkaido », en forme de poire orange, possède un goût prononcé de châtaigne. Sa peau est comestible. En version sucrée ou salée, il aime les épices.

La **courge butternut**, de couleur beige rosé et au délicieux goût de beurre noisette, s'apprécie en velouté, en flan, en purée…

COMMENT LE CONSERVER

Les quartiers se conservent 2 à 3 jours au réfrigérateur, recouverts de film plastique. Le potiron entier se garde plusieurs semaines, voire plusieurs mois, dans un endroit sec à plus de 12 °C (mais moins de 20 °C).

SAVOIR LE PRÉPARER

Le potiron est difficile à éplucher et à découper ; demandez à votre commerçant de le couper en tranches. Il est plus facile de retirer son écorce sur de petits morceaux. Si la peau résiste toujours, faites-le cuire dans de l'eau bouillante quelques minutes ou 5 minutes à pleine puissance au four à micro-ondes : ainsi ramollie, la peau s'enlèvera aisément.

CUISSON ET QUANTITÉ

20 minutes en cubes à l'eau bouillante
1,5 kg pour une soupe pour 6 pers.
200 g par pers. en accompagnement

Courge
Muscade
1€50 le kg

PETITS FLANS SUCRÉS AU POTIRON ET À L'ORANGE

Pour 8 personnes

Préparation : 15 min
Cuisson : 55 min

- *500 g de potiron, de potimarron ou de courge butternut*
- *50 cl de lait*
- *150 g de sucre*
- *4 oranges*
- *3 œufs*
- *10 g de beurre*
- *½ c. à c. de sel*
- *1 c. à c. de muscade*
- *1 c. à c. de cannelle*
- *1 c. à c. de gingembre*

1. Préchauffez le four à 180 °C (th. 6).

2. Épluchez le potiron et coupez-le en petits morceaux. Faites-les cuire dans un peu d'eau salée jusqu'à ce qu'ils soient tendres. Égouttez-les et réduisez-les en purée.

3. Versez le lait dans un saladier, ajoutez le sucre, le sel, la muscade, la cannelle, le gingembre, le zeste râpé d'une orange et le jus de 3 oranges.

4. Battez les œufs en omelette, versez-les dans la préparation et mélangez. Incorporez ensuite la purée de potiron et mélangez soigneusement.

5. Beurrez 8 petits moules, saupoudrez le fond de sucre. Coupez la dernière orange en fines tranches et posez une tranche au fond de chaque moule. Répartissez la préparation dans les moules.

6. Enfournez 40 minutes jusqu'à ce que les flans soient fermes à cœur.

7. Laissez refroidir. Démoulez au moment de servir.

PLEIN D'IDÉES POUR LE CUISINER

VITE FAIT, BIEN FAIT !

• **Beignets de potiron :** faites bouillir 20 minutes des petites tranches de potiron. Passez les tranches cuites dans la pâte à beignets. Plongez-les 2 à 3 minutes dans l'huile bouillante. Égouttez-les puis roulez-les dans du sucre éventuellement additionné de cannelle.

• **Gratin de potiron au parmesan :** faites précuire des morceaux de potiron 15 minutes dans l'eau bouillante avec un cube de bouillon de volaille. Disposez-les dans un plat à gratin, saupoudrez de muscade râpée, poivrez et recouvrez de crème et de parmesan. Passez 20 minutes au four à 200 °C (th. 6/7). Un mariage parfait avec une volaille rôtie.

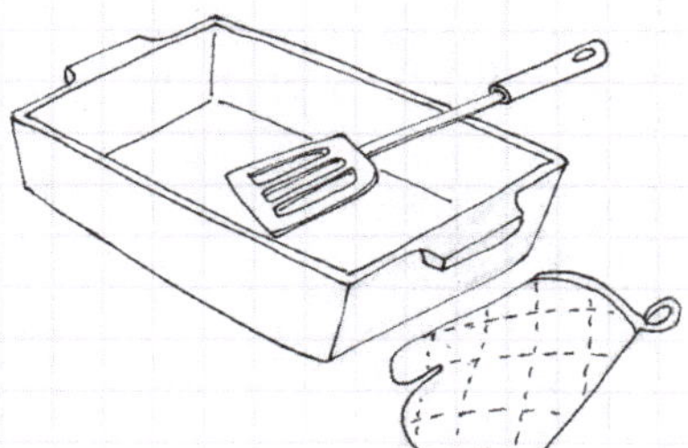

• **Soupe de potiron aux chips de chorizo :** faites cuire du potiron, un oignon et une pomme de terre coupés en morceaux dans de l'eau bouillante salée une vingtaine de minutes. Faites griller à feu vif des tranches de chorizo très fines. Mixez la soupe et servez-la dans des assiettes creuses avec les chips de chorizo. Le croustillant du chorizo tranche à merveille avec le moelleux du potiron.

LES BONNES ASSOCIATIONS

Dans une soupe, avec :

- des lamelles de cèpes poêlés
- du lard fumé, du chorizo poêlé
- du lait de coco
- du fromage râpé
- des moules ou des crustacés
- des épices : noix de muscade, gingembre, cardamome, safran, cannelle, cumin

Dans un couscous : en automne, pensez à ajouter du potiron aux légumes du bouillon.

En salade : râpé, avec une orange pressée, un peu de gingembre râpé et de la coriandre ciselée.

L'astuce du maraîcher

Gardez les pépins, rincez-les, plongez-les 5 minutes de l'eau bouillante. Égouttez-les puis faites-les griller à sec dans une poêle. Salez et ajoutez les épices de votre choix. Servez à l'apéritif ou parsemez-en une salade.

LE CÉLERI RAVE

Grosse boule rustique à l'aspect rugueux, le céleri rave cache pourtant des trésors de saveurs fortes et poivrées. Souvent cantonné à sa célèbre rémoulade, il se transforme aussi en purées raffinées et en légumes sautés.

BIEN LE CHOISIR

Ferme et lourd, le céleri rave ne doit pas sonner creux quand vous le tapotez et ne doit pas présenter de taches jaunes ou brunes. Ses meilleures saisons : l'automne et l'hiver.

COMMENT LE CONSERVER

Il se conserve une semaine, non pelé et enveloppé dans du papier (pour l'odeur), dans le bac à légumes du réfrigérateur.

SAVOIR LE PRÉPARER

Pour l'éplucher plus facilement, coupez-le d'abord en quartiers. Vous pouvez ensuite le peler à l'aide d'un économe.

CUISSON ET QUANTITÉ

10 minutes à l'autocuiseur
20 minutes au four
15 minutes à l'eau bouillante
1 boule de céleri pour 4 pers.

SALADE CROQUANTE AUX DEUX COULEURS

Pour 4 personnes

Préparation : 15 min. Repos : 15 min

❀ 1 boule de céleri rave ❀ 2 pommes granny-smith ❀ 1 citron ❀ 2 carottes ❀ 1 c. à c. de moutarde ❀ 1 pincée de sucre ❀ 1 yaourt ❀ sel et poivre

1. Épluchez le céleri et râpez-le.

2. Épluchez les pommes et coupez-les en très fines lamelles. Arrosez le céleri râpé et les lamelles de pomme de jus de citron.

3. Épluchez et râpez les carottes. Mettez-les dans un saladier avec les pommes et le céleri.

4. Mélangez la moutarde, le sucre, le yaourt, salez et poivrez. Versez la sauce sur le céleri, les pommes et les carottes râpées.

5. Réservez 15 minutes au frais. Servez.

Le saviez-vous ?

L'ache des marais (l'ancêtre sauvage du céleri) était réputée au Moyen Âge pour ses nombreuses vertus : elle était censée prévenir la mélancolie, déterminer le sexe d'un enfant, soigner le mal de dents...

PLEIN D'IDÉES POUR LE CUISINER

• Purée de céleri : faites cuire pendant 15 minutes dans de l'eau bouillante salée 1 boule de céleri et 3 pommes de terre coupées en dés. Égouttez et mixez. Incorporez 3 c. à s. de crème fraîche, puis parfumez avec 2 pincées de noix de muscade. Une purée originale pour accompagner gibiers et volailles rôties.

• Velouté de céleri au roquefort : faites cuire 10 minutes à la vapeur 1 boule de céleri et 1 pomme de terre coupées en morceaux. Égouttez et mixez avec 100 g de roquefort et 15 cl de lait. Sensations fortes garanties !

• Céleri sauté : taillez le céleri en dés. Faites-les cuire 15 minutes dans de l'eau bouillante. Égouttez-les bien et séchez-les. Faites-les sauter 5 minutes à la poêle dans de l'huile d'olive. Vous pouvez ajouter des lardons ou de l'ail et du persil. Ça change des pommes de terre sautées !

L'astuce du maraîcher

Une fois le céleri rave épluché, badigeonnez-le généreusement de jus de citron pour lui éviter de noircir.

LE CÉLERI BRANCHE

Charnu, croquant et parfumé, le céleri branche est souvent cantonné à un rôle aromatique. Donnez-lui toutes ses chances en le glissant dans des salades ou des moules à la crème. Sa texture croquante et juteuse met du tonus dans la cuisine d'automne.

BIEN LE CHOISIR

Pour vous assurer de sa fraîcheur, examinez ses côtes blanches : charnues, fermes et bien brillantes, elles doivent se casser sous la pression des doigts. Les feuilles, quant à elles, doivent afficher un vert jaune éclatant. Le céleri branche est à consommer de préférence en été et en automne.

COMMENT LE CONSERVER

Enveloppé dans un linge humide, le céleri branche se conserve jusqu'à quatre jours dans le bac à légumes du réfrigérateur.

SAVOIR LE PRÉPARER

Retirez les côtes dures, les feuilles et les branches vertes du céleri branche. Lavez-le en écartant les côtes.

CUISSON ET QUANTITÉ

15 minutes à l'eau bouillante
1 céleri branche par pers.

MOULES CRÉMEUSES AU CÉLERI

Pour 4 personnes

Préparation : 15 min. Cuisson : 10 min

❀ 2 l de moules ❀ 1 céleri branche ❀ 2 échalotes ❀ 20 g de beurre ❀ 1 citron ❀ 1 gousse d'ail ❀ 6 brins de ciboulette ❀ 2 c. à s. de pulpe de tomate ❀ 20 cl de crème fraîche ❀ sel et poivre

1. Lavez et grattez les moules, puis égouttez-les.

2. Retirez les fibres dures des côtes de céleri et taillez-le en petits dés. Réservez 3 feuilles.

3. Dans un faitout, faites fondre les échalotes émincées dans le beurre. Ajoutez le céleri puis les moules. Arrosez de jus de citron. Remuez sans cesse pendant 3 minutes pour faire ouvrir les moules.

4. Ajoutez l'ail haché, la ciboulette ciselée, les feuilles de céleri et la pulpe de tomate. Mélangez.

5. Retirez les moules avec une écumoire et versez la crème dans le faitout. Laissez bouillir 1 minute et versez la sauce sur les moules. Poivrez et servez immédiatement.

PLEIN D'IDÉES POUR LE CUISINER

- **Croque céleri :** pour l'apéritif, coupez les côtes en tronçons de 5 cm de long. Remplissez les bâtonnets de sauces diverses : crème fraîche + roquefort, fromage blanc + moutarde ou fines herbes, anchoïade, thon mayonnaise au curry... Des tartines végétales originales.

- **Salade de céleri aux agrumes :** émincez le céleri et mélangez avec des quartiers de pamplemousse. Vous pouvez ajouter des lamelles de pomme, des endives, de la mâche... Servez avec une sauce à base de yaourt et de citron. Une entrée bien tonique qui croque sous la dent !

- **Céleris doucement braisés :** dans une cocotte, faites fondre dans du beurre des cœurs de céleri, des oignons émincés et des lardons fumés. Recouvrez de bouillon de volaille. Salez et poivrez. Couvrez et laissez cuire à feu doux 30 minutes environ. Servez en accompagnement d'une viande blanche rôtie ou de poisson.

L'astuce du maraîcher

Quand vous le préparez, pensez à conserver les feuilles du céleri branche. Elles vous serviront à aromatiser vos soupes, sauces et autres plats mijotés.

LE CHAMPIGNON DE PARIS

Croquant quand il est cru, fondant quand il est poêlé, le champignon de Paris s'adapte à toutes vos envies. Blanc rosé ou brun, c'est un allié sur lequel on peut compter : en potage, farci, sauté, en salade, cuisiné dans une sauce, il est vraiment facile à marier. Dites-lui oui !

BIEN LE CHOISIR

Choisissez des champignons bien fermes et charnus, sans taches, de couleur uniforme et au chapeau intact. La tête doit être bien attachée au pied.

COMMENT LE CONSERVER

Ne gardez jamais les champignons de Paris dans un sac plastique, ils s'abîmeraient très vite. Préférez un sac en papier ou, mieux, une boîte hermétique pour les conserver (4 jours maximum) dans le bac à légumes du réfrigérateur.

SAVOIR LE PRÉPARER

Coupez le bout des pieds et si les champignons sont terreux, passez-les rapidement sous le robinet. S'ils sont bien frais, ce n'est pas la peine de les peler : vous pouvez les essuyer avec un linge humide.

CUISSON ET QUANTITÉ

10 minutes à la poêle
150 g par pers. en accompagnement
100 g par pers. en salade

Le saviez-vous ?

Née à Versailles, sous Louis XIV, la culture du champignon de Paris s'est ensuite développée dans les catacombes parisiennes. Quand ont débuté les travaux du métro, il a fallu les transférer en Anjou. La ville de Saumur fut choisie pour ses galeries fraîches et humides mais aussi pour ses chevaux dont le fumier était nécessaire à la culture de ces champignons.

CHAMPIGNONS FARCIS À LA GRECQUE

Pour 6 personnes

Préparation : 15 min
Cuisson : 20 min

- *12 très gros champignons de Paris*
- *2 pommes granny-smith*
- *1 citron*
- *24 petits oignons grelots*
- *1 gousse d'ail*
- *1 c. à c. de curry*
- *10 cl de vin blanc sec*
- *8 grains de coriandre*
- *1 brin de thym*
- *huile d'olive*
- *sel, poivre en grains*

1. Épluchez les pommes et coupez-les en dés. Arrosez-les de jus de citron.

2. Faites revenir dans une casserole les oignons épluchés dans 2 cuillerées à soupe d'huile d'olive, ajoutez la gousse d'ail, saupoudrez d'un peu de curry. Mélangez.

3. Versez le vin et 10 cl d'eau, le sel, le poivre, la coriandre, le thym, laissez cuire 5 minutes à gros bouillons, puis baissez le feu.

4. Ajoutez dans la casserole les dés de pomme.

5. Pendant ce temps, retirez les pieds des champignons, réservez les têtes, coupez la partie terreuse des pieds et émincez-les. Ajoutez les champignons émincés dans la casserole et laissez cuire 5 minutes.

6. Nettoyez les têtes des champignons et remplissez-les avec la farce encore tiède. Servez en entrée.

PLEIN D'IDÉES POUR LE CUISINER

VITE FAIT, BIEN FAIT !

- **Velouté de champignons** : faites revenir 5 minutes dans une sauteuse 2 échalotes émincées dans de l'huile d'olive. Ajoutez 600 g de champignons de Paris émincés et laissez-les dorer quelques minutes. Ajoutez 50 cl de bouillon de volaille, un verre de vin blanc et 10 cl de lait. Salez. Laissez cuire 15 minutes et ajoutez 2 c. à s. de crème fraîche en fin de cuisson. Mixez, rectifiez l'assaisonnement. Un velouté savoureux très vite préparé.

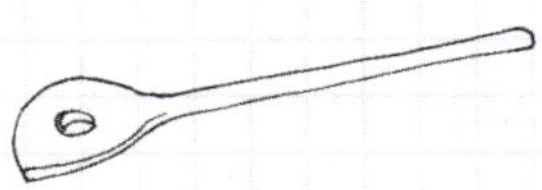

- **Carpaccio de champignons au saumon fumé** : émincez des champignons de Paris. Nappez-les d'un mélange de jus de citron, huile d'olive, huile de noix, échalote, ail et persil hachés. Salez et poivrez. Réservez au frais. Ajoutez des dés de saumon fumé au moment de servir.

- **Champignons en salade** : émincez finement les champignons et arrosez-les de citron. Ensuite, vous pouvez les marier à une salade de mâche au vinaigre de framboise. Ou à des haricots verts, un œuf poché et des carottes râpées.

LES BONNES ASSOCIATIONS

- Avec une vinaigrette : essayez la simplicité (huile d'olive, jus de citron, ciboulette ciselée) ou une sauce rosée (yaourt, crème fraîche, paprika) pour les assaisonner
- En poêlée avec d'autres champignons, de l'ail et du persil
- Dans une farce, avec de l'ail et du persil hachés
- Dans un gratin, avec des pommes de terre
- Dans une sauce, avec de la crème fraîche et des herbes (ciboulette, estragon...), pour accompagner une escalope ou une côte de veau
- Dans une béchamel, pour farcir une crêpe
- Dans une tarte, avec du gruyère, des lardons, de la crème et des œufs

L'astuce du maraîcher

Les champignons ont tendance à rejeter beaucoup d'eau à la cuisson. Un peu de pain rassis jeté dans la poêle absorbera le jus rendu. Vous obtiendrez ainsi des champignons parfaitement grillés.

LE CÈPE

Le cèpe affiche fièrement son grand et beau chapeau charnu et rond. Son goût et sa finesse méritent qu'on lui consacre une belle cueillette. Blanc, jaune, bleu violacé voire brun, il met toujours ses habits de fête dans l'assiette.

BIEN LE CHOISIR

Vérifiez qu'ils sont bien fermes de la tête au pied et sans taches. Le chapeau de couleur uniforme et sans trous doit être bien attaché à son pied. Et surtout, n'achetez que des champignons entiers. La saison est courte : profitez-en de septembre à novembre.

COMMENT LE CONSERVER

Une fois nettoyés, vous pouvez les conserver 2 à 3 jours dans une boîte hermétique.

SAVOIR LE PRÉPARER

Contentez-vous de couper le pied terreux et de frotter le cèpe avec un torchon humide. Pour les gros cèpes, grattez la mousse sous le chapeau à l'aide d'un couteau.
Les cèpes ramassés dans les bois contiennent parfois des vers. Ne les jetez pas pour autant : étalez-les sur un plateau et recouvrez-les hermétiquement de film alimentaire. Les vers, manquant d'air, vont venir mourir sur le film. Il ne vous reste plus qu'à le retirer.

CUISSON ET QUANTITÉ

180 g par pers. en accompagnement
7 minutes à la poêle

RISOTTO CRÉMEUX AUX CÈPES

Pour 4 personnes

Préparation : 10 min. Cuisson : 30 min

❀ 250 g de petits cèpes ❀ 400 g de riz à risotto ❀ 1 oignon ❀ 60 g de beurre ❀ 10 cl de vin blanc ❀ 1,5 l de bouillon de volaille ❀ 15 cl de crème fraîche ❀ 50 g de parmesan râpé ❀ sel et poivre

1. Nettoyez les cèpes et coupez-les en dés. Hachez l'oignon finement.

2. Dans une grande casserole, faites suer l'oignon haché dans 30 g de beurre sans cesser de remuer. Ajoutez le riz, mélangez jusqu'à ce qu'il devienne transparent, ajoutez le vin.

3. Lorsque le vin est absorbé, ajoutez une louche de bouillon. Mélangez jusqu'à ce que le bouillon soit absorbé. Lorsque le riz a absorbé tout le liquide, ajoutez une deuxième louche, remuez. Continuez à ajouter les louches de bouillon, une par une, dès que le riz a absorbé la louche précédente.

4. Dans une poêle, faites fondre le beurre restant et saisissez les cèpes 5 à 7 minutes. Salez et poivrez. Ajoutez la crème. Versez le tout sur le riz. Mélangez. Parsemez de parmesan et servez bien chaud.

PLEIN D'IDÉES POUR LE CUISINER

• **Omelette aux cèpes :** battez 6 œufs jusqu'à ce qu'ils moussent, salez et poivrez. Nettoyez 400 g de cèpes, coupez-les en morceaux et faites-les revenir dans une poêle avec un peu d'huile d'olive. Saupoudrez de persil et d'ail hachés. Ajoutez les œufs battus, mélangez. Faites cuire sur une seule face jusqu'à obtention de la cuisson désirée.

• **Brochettes de cèpes :** coupez les cèpes en quatre, badigeonnez-les d'huile et enfilez-les sur des brochettes. Faites-les cuire 10 minutes au barbecue, sous le gril du four ou à la poêle.

• **Velouté de cèpes :** faites revenir 2 oignons et 1 gousse d'ail hachés 5 minutes dans du beurre. Ajoutez 600 g de cèpes coupés en morceaux. Laissez cuire 10 minutes. Versez 50 cl de lait et 50 cl de bouillon de volaille. Laissez mijoter 20 minutes à feu doux. Mixez, salez, poivrez et mélangez avec 30 cl de crème fraîche.

L'astuce du maraîcher

Tout est bon dans le cèpe. Ne jetez ni la mousse ni les pieds quand vous les préparez. Conservez-les pour préparer sauces et potages parfumés.

LE FENOUIL

Blanc, rond et joufflu, le fenouil n'a rien d'un séducteur. Et pourtant, sa saveur anisée en fait un légume qui sort vraiment de l'ordinaire. Croquant et rafraîchissant quand on le mange cru, il devient délicieusement fondant si on le braise délicatement.

BIEN LE CHOISIR

Choisissez-le bien blanc, sans taches ni blessures et assez ferme et lourd. Vérifiez les tiges au sommet du bulbe : la présence de feuilles vertes garantit sa fraîcheur. On trouve du fenouil toute l'année mais il est au meilleur de sa forme d'octobre à mai.

CONNAÎTRE LES VARIÉTÉS

Le **fenouil** « **de Florence** » ou **finocchio** : consommé en légume, il possède un bulbe très renflé à la base. C'est celui qu'on trouve le plus souvent sur les étals. On utilise aussi ses branches pour parfumer les poissons au four.

COMMENT LE CONSERVER

10 jours dans un sachet ou une boîte hermétique dans le bac à légumes du réfrigérateur.

SAVOIR LE PRÉPARER

Retirez le plumet. Coupez le talon avec un couteau, puis retirez les parties abîmées à l'aide d'un économe. Rincez sous l'eau et séchez.

CUISSON ET QUANTITÉ

10 à 15 minutes à l'autocuiseur (coupé en quartiers)
10 minutes à la poêle (émincé)
45 minutes en cocotte ou au four (coupé en quartiers)
1 gros bulbe par pers. en accompagnement
1 bulbe pour 4 pers., en salade

Le saviez-vous ?

Originaire du bassin méditerranéen, le fenouil a toujours été considéré comme doté de pouvoirs surnaturels et notamment celui de repousser les démons.

fenouil
2€
pays
panier

FENOUIL GRATINÉ AU PARMESAN

Pour 4 personnes

Préparation : 10 min
Cuisson : 40 min

- *4 petits (ou 3 beaux) bulbes de fenouil*
- *25 cl de crème fraîche*
- *60 g de gruyère râpé*
- *20 g de parmesan fraîchement râpé*
- *sel et poivre*

1. Lavez les bulbes de fenouil. Coupez-les en quatre.

2. Plongez-les 20 minutes dans une casserole d'eau bouillante salée. Égouttez-les et mettez-les dans un plat à gratin.

3. Recouvrez le fenouil de crème fraîche, puis du mélange gruyère-parmesan.

4. Enfournez 20 minutes et servez avec du poisson ou une viande blanche.

MARMITE DE POISSON AU FENOUIL

Pour 4 personnes

Préparation : 20 min
Cuisson : 30 min

- *1 beau bulbe de fenouil*
- *1 gros oignon*
- *1 c. à s. d'huile d'olive*
- *20 cl de vin blanc*
- *600 g de filets de poisson (cabillaud, dorade…)*
- *1 petite boîte de tomates pelées*
- *1 citron*
- *sel et poivre*

1. Dans une marmite, faites fondre dans l'huile d'olive le fenouil et l'oignon émincés. Versez le vin blanc. Portez à ébullition.

2. Ajoutez les filets de poisson et les tomates coupées en morceaux. Salez et poivrez. Versez un filet de jus de citron et laissez mijoter à couvert et à feu doux 20 minutes environ.

3. Servez dans la marmite, accompagné de pommes vapeur.

PLEIN D'IDÉES POUR LE CUISINER

VITE FAIT, BIEN FAIT !

• **Salade de fenouil à l'orange :** émincez finement le fenouil, arrosez du jus d'une orange pressée et d'huile d'olive. Salez et poivrez. Vous pouvez aussi ajouter des quartiers d'orange pelés à vif. Laissez mariner au moins 1 heure. Une salade délicieusement rafraîchissante pour accompagner un poisson grillé ou fumé.

• **Apéritif doublement anisé :** lavez puis découpez le fenouil cru en lanières. Vos invités n'auront plus qu'à le tremper dans une sauce (aïoli, anchoïade, fromage blanc aux fines herbes, purée d'avocat…) pour accompagner leur apéritif anisé.

• **Fenouil braisé au citron :** faites revenir dans du beurre 1 oignon et 4 petits bulbes de fenouil émincés. Ajoutez un morceau de sucre, un filet de jus de citron vert et laissez doucement caraméliser une trentaine de minutes. On peut remplacer le jus de citron par des rondelles de citron confit.

• **Papillotes de poisson au fenouil :** pensez à glisser du fenouil lorsque vous préparez des papillotes de poisson. Son goût anisé fait merveille avec les saveurs iodées.

LES BONNES ASSOCIATIONS

Cru, en salade, avec :
- le melon, la papaye
- le jambon
- les fromages frais ou le parmesan
- les carottes, le céleri, les oignons, les pommes

Cuit, avec :
- les poissons grillés ou en papillotes
- les poissons fumés
- les viandes blanches rôties

L'astuce du maraîcher

Ne jetez pas les feuilles de fenouil. Faites-les sécher quelques minutes à four chaud. Elles vous serviront à parfumer d'une note anisée les sauces tomate, les salades ou les plats de poisson.

LE POIREAU

Simple mais délicieux en vinaigrette, le poireau, tout vert, tout beau, cumule les qualités : bon marché, savoureux et peu calorique. Et comme il se conserve bien, il peut rester dans le bac à légumes et, en soupe, en tarte ou en quiche, devenir l'allié parfait des dîners improvisés.

BIEN LE CHOISIR

Un poireau bien frais se reconnaît à sa tige droite et ferme, son blanc brillant, son feuillage bien vert, sans taches. Sa racine doit être fraîche et terreuse. Sachez que les gros poireaux ne sont pas moins tendres que les fins.
On trouve le poireau toute l'année, mais le délicieux poireau primeur, dont on mange même le vert, est sur les étals de mai à début août.

COMMENT LE CONSERVER

Le poireau entier peut se conserver une dizaine de jours dans le bac à légumes du réfrigérateur. Cuit, égoutté puis enfermé dans une boîte hermétique, il gagnera deux à trois jours de plus. Lavé, blanchi 10 minutes dans de l'eau bouillante, puis coupé en rondelles et égoutté soigneusement, il supporte bien la congélation.

SAVOIR LE PRÉPARER

Éliminez la base et la partie la plus verte des feuilles. Pour le débarrasser du sable coincé entre les feuilles, voir l'astuce du maraîcher page 155.

CUISSON ET QUANTITÉ

10 minutes à l'autocuiseur
10 minutes à l'eau bouillante
20 minutes à la poêle
2 par pers. (ou 4 poireaux primeur) en entrée
1 gros poireau par pers. en accompagnement

Le saviez-vous ?

Le poireau est l'ami des chanteurs : il adoucit les cordes vocales et calme la toux. L'empereur Néron, d'ailleurs surnommé le « porrophage », en avait fait son légume préféré et en faisait des cures pour éclaircir sa voix !

Provence
Poireaux
2 € 70 le kg
le kg

RIZ CRÉMEUX AUX POIREAUX

Pour 4 personnes

Préparation : 10 min
Cuisson : 25 min

- *800 g de poireaux (4 gros poireaux)*
- *200 g de riz*
- *50 g de beurre*
- *2 échalotes*
- *½ c. à c. de curry*
- *2 c. à s. de crème fraîche*
- *sel et poivre*

1. Faites cuire le riz dans une grande casserole d'eau salée.

2. Pendant ce temps, nettoyez les poireaux (voir l'astuce du maraîcher, page ci-contre) et coupez-les en rondelles de 0,5 cm d'épaisseur environ. Plongez les poireaux 5 minutes dans une casserole d'eau bouillante salée. Égouttez-les.

3. Dans une poêle, faites fondre le beurre, faites-y dorer les échalotes émincées et les rondelles de poireaux 10 minutes environ.

4. Rincez le riz et ajoutez-le à la poêlée de poireaux aux échalotes. Saupoudrez de curry. Mélangez et faites revenir le tout 2 ou 3 minutes en remuant sans cesse.

5. Ajoutez la crème fraîche, poivrez, remuez et servez avec du poisson ou du porc sauté.

PLEIN D'IDÉES POUR LE CUISINER

VITE FAIT, BIEN FAIT !

• Soupe poireaux pommes de terre déclinée : un grand classique pour se réchauffer à l'approche de l'hiver. Variez les plaisirs avec une version à la ciboulette, au curry, à la noix de muscade, au céleri branche ou encore avec du basilic. Miam !

• Quiche aux poireaux, roquefort et lard fumé : les poireaux aiment aussi le fromage. Faites rissoler dans une poêle 2 poireaux coupés en rondelles et 150 g de lardons. Dans un saladier, mélangez 4 œufs, 20 cl de lait et 2 c. à s. de crème fraîche. Ajoutez 150 g de roquefort, puis les lardons et les poireaux rissolés. Versez sur une pâte brisée, saupoudrez de gruyère râpé et enfournez 30 minutes à 180 °C (th. 6). N'hésitez pas à en garder une part : elle sera délicieuse froide pour le déjeuner du lendemain.

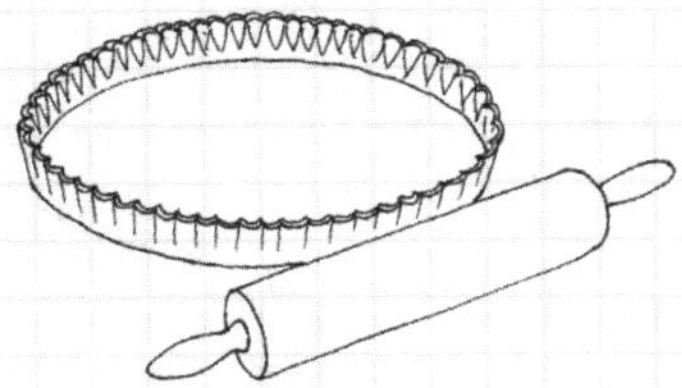

• Pâtes aux poireaux et à la saucisse : il fallait y penser. Les Italiens ont osé. Faites dorer un oignon émincé et 2 poireaux coupés en rondelles dans de l'huile d'olive. Ajoutez 300 g de chair à saucisse, arrosez d'un petit verre de vin blanc, salez et poivrez. Versez 500 g de pâtes cuites et égouttées dans la poêle. Mélangez et ajoutez une bonne cuillerée de mascarpone.

LES BONNES ASSOCIATIONS

- Avec une vinaigrette, en toute simplicité (on peut y ajouter une pincée de curry)
- En fondue, avec du poisson ou des Saint-Jacques sautées
- En poêlée, avec des fonds d'artichaut
- En gratin, avec du beaufort ou du comté
- Dans une quiche ou une tarte salée, avec du saumon fumé
- En papillotes, avec des feuilles de menthe

L'astuce du maraîcher

Pour éliminer les restes de sable, fendez le poireau en croix sur la moitié de sa longueur, ouvrez-le en écartant les feuilles et faites-le tremper, le vert vers le bas, dans un saladier d'eau tiède.

LE TOPINAMBOUR

Longtemps associé aux années de guerre, ce tubercule rustique a retrouvé ses lettres de noblesse. Son goût d'artichaut, sa texture délicate et son extrême finesse ont su faire disparaître ces mauvais souvenirs.

BIEN LE CHOISIR

Choisissez les topinambours fermes, non terreux et de taille moyenne, ni trop petits ni trop gros. Évitez les tubercules trop noueux, trop difficiles à éplucher. Profitez de l'automne et de l'hiver pour les cuisiner.

COMMENT LE CONSERVER

Le topinambour se conserve mal : il a tendance à se dessécher rapidement. Il pourra tenir une à deux semaines dans un sac plastique placé dans le bac à légumes du réfrigérateur.

SAVOIR LE PRÉPARER

Coupez les deux extrémités et épluchez-le à l'aide d'un économe. Vous pouvez aussi lui laisser la peau : contentez-vous alors de le brosser soigneusement avant de le cuisiner.

CUISSON ET QUANTITÉ

30 minutes à la poêle
200 g par pers.

VELOUTÉ DE TOPINAMBOURS

Pour 8 personnes

Préparation : 20 min. Cuisson : 30 min

❀ 700 g de topinambours ❀ 2 pommes de terre ❀ 1 oignon ❀ 60 g de beurre ❀ 1 l de bouillon de volaille ❀ 25 cl de vin blanc ❀ 25 cl de crème fraîche ❀ ½ c. à c. de curry ❀ sel et poivre

1. Épluchez les topinambours et les pommes de terre ; coupez-les en morceaux. Émincez l'oignon.

2. Dans une grande casserole, faites revenir 5 minutes dans le beurre, l'oignon et les topinambours. Mouillez avec le bouillon de volaille et le vin. Ajoutez les pommes de terre. Salez légèrement, poivrez et ajoutez le curry.

3. Laissez frémir 20 minutes jusqu'à ce que les légumes soient tendres.

4. Passez au mixeur. Rectifiez l'assaisonnement. Ajoutez la crème fraîche avant de servir.

Le saviez-vous ?

Le topinambour doit son drôle de nom à une tribu indienne du Brésil, les Tupinambas. Venus à Paris au début du XVIIe siècle, ils avaient présenté ce légume racine à Marie de Médicis.

PLEIN D'IDÉES POUR LE CUISINER

• **Saint-Jacques et purée de topinambours :** faites revenir un oignon dans un peu d'huile d'olive. Ajoutez des topinambours coupés en dés, faites revenir 2 minutes. Recouvrez de crème fraîche. Laissez cuire 20 minutes. Mixez et salez. Servez avec des Saint-Jacques saisies rapidement à la poêle avec du gingembre frais. Délicat et délicieux.

• **Salade de topinambours aux noix :** épluchez et râpez des topinambours. Arrosez-les de jus de citron. Râpez une betterave crue. Mélangez les topinambours et la betterave râpés avec de la roquette et une vinaigrette relevée. Ajoutez des noix pour le croquant. Miam !

• **Cocotte de légumes oubliés :** dans une cocotte, faites fondre du beurre, puis ajoutez les légumes coupés en morceaux (topinambours, rutabagas, panais, cerfeuil tubéreux, crosnes...). Mouillez avec du bouillon de volaille. Laissez cuire à feu doux jusqu'à ce que les légumes soient tendres. Pour un plat de fête, faites-les revenir dans de la graisse d'oie. Un accompagnement raffiné pour une volaille ou une viande rouge.

L'astuce du maraîcher

Les topinambours sont parfois difficiles à éplucher. Pour vous faciliter la tâche, faites-les blanchir 30 secondes dans de l'eau bouillante.

LA POMME

Fermes et savoureuses, rondes et juteuses, les pommes ont tout pour elles ! Rouges, jaunes ou vertes, elles affichent des couleurs toujours éclatantes et s'adaptent aussi bien aux repas quotidiens qu'aux menus de fête. Craquez pour cette belle croquante et parfumée.

BIEN LA CHOISIR

Vérifiez au toucher qu'elle est bien ferme et que sa peau est lisse, brillante et sans meurtrissure. N'hésitez pas à la sentir : le parfum qu'elle dégage est également un bon indice d'achat.

CONNAÎTRE LES VARIÉTÉS

– Les pommes acidulées à chair ferme, pour les préparations salées :
la **boskoop** (novembre-avril), la **canada** (novembre-avril), la **braeburn** (novembre-avril), la **granny-smith** (novembre-mai)…
– Les pommes douces à chair fondante, pour les desserts :
la **golden** (septembre-juillet), la **reinette** (août-octobre), la **gala** (automne), la **fuji** (printemps)…

COMMENT LA CONSERVER

Les pommes se conservent 1 semaine à température ambiante et jusqu'à 6 semaines dans le bac à légumes du réfrigérateur. Faites attention à les conserver à l'écart des autres fruits (sauf si vous voulez les faire mûrir) car le gaz qu'elles dégagent (l'éthylène) accélère la maturation.

SAVOIR LA PRÉPARER

Pelez-la en spirale à l'aide d'un économe en un seul geste, en tournant autour du fruit, de la queue à la base. Pour éviter l'oxydation, arrosez les pommes épluchées de jus de citron ou plongez-les rapidement dans un saladier rempli d'eau citronnée.

Le saviez-vous ?

Bien avant Adam et Eve, l'homme du néolithique des plateaux d'Anatolie fut le premier à croquer la pomme, il y a déjà 80 millions d'années !

TARTARE DE SAUMON À LA POMME VERTE

Pour 4 personnes

Préparation : 10 min

- *1 pavé de saumon de 250 g*
- *2 pommes acidulées (granny-smith ou fuji)*
- *1 oignon blanc*
- *1 citron*
- *1 c. à s. d'huile d'olive*
- *20 petits blinis*
- *crème fraîche*
- *quelques brins d'aneth ou 1 côte de céleri*

1. Coupez le saumon et les pommes en dés. Émincez finement l'oignon.

2. Mélangez ces ingrédients dans un saladier, arrosez de jus de citron et d'huile d'olive. Salez et poivrez. Réservez au frais.

3. Réchauffez les blinis. Nappez chaque blini d'un peu de crème fraîche. Recouvrez de tartare et décorez d'une branche d'aneth ou de rondelles de céleri.

CÔTES DE PORC RÔTIES AUX POMMES

Pour 4 personnes

Préparation : 15 min
Cuisson : 1 h 10

- *4 côtes de porc*
- *50 g de beurre*
- *4 pommes acidulées (granny-smith ou fuji)*
- *1 citron*
- *sel et poivre*

1. Préchauffez le four à 160 °C (th. 5-6).

2. Coupez les pommes en lamelles.

3. Mettez les côtes de porc dans un plat à four préalablement beurré. Salez et poivrez. Recouvrez la viande de lamelles de pomme.

4. Faites fondre le beurre et versez-en la moitié sur les pommes. Arrosez de jus de citron. Recouvrez le plat d'aluminium et enfournez une heure.

5. Retirez l'aluminium. Versez le reste de beurre fondu sur les pommes. Remettez au four 10 minutes environ. Servez avec des pommes de terre vapeur.

PLEIN D'IDÉES POUR LA CUISINER

VITE FAIT, BIEN FAIT !

• **Pommes au four farcies aux coings :** faites cuire des dés de coing avec du sucre et un peu d'eau. Retirez le cœur des pommes (reine des reinettes ou gala par exemple), puis remplissez-les de compote de coings mélangée à des noix hachées. Ajoutez une noix de beurre et une pincée de sucre. Disposez les pommes farcies dans un plat à four (mettez un peu d'eau au fond du plat) et faites cuire 45 minutes à 150 °C (th. 5). Pour plus de moelleux, arrosez les pommes 2 ou 3 fois au cours de la cuisson. Un dessert classique, simple et délicieux.

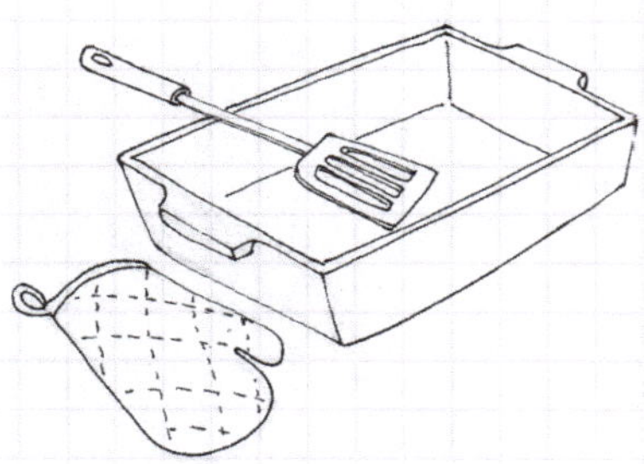

• **Pommes caramélisées au miel :** faites sauter dans du beurre des quartiers de pomme à feu vif. Ajoutez un peu de miel, poivrez et laissez caraméliser. À déguster avec du boudin noir, bien sûr, mais aussi une pintade rôtie, un sauté de porc ou des crottins de chèvre chauds.

LES BONNES ASSOCIATIONS

Crue :

- en salade, avec le céleri, le chou rouge, la betterave, le concombre, le fenouil, les endives, les carottes, les lentilles
- avec le camembert, le chèvre, le bleu d'Auvergne

Cuite :

- avec la volaille, le gibier, le porc, le veau
- avec des épices : la badiane, la cannelle, la cardamome, le curry, le gingembre, le poivre
- en compote, avec des zestes de citron et d'orange, du gingembre frais râpé, des graines de vanille, des fruits secs (noix, noisettes, amandes, pistaches)

L'astuce du maraîcher

Si vos pommes sont flétries, trempez-les quelques minutes dans de l'eau bouillante. Elles retrouveront leur aspect de jeunesse. Et pour des pommes poêlées plus tendres, placez-les 2 heures au réfrigérateur avant de les cuisiner.

LE COING

Non, la pâte de coings, madeleine de notre enfance, n'est pas la seule façon de manger le coing. Ce fruit rustique mérite toute sa place en cuisine salée et sucrée. Un véritable coing de paradis !

BIEN LE CHOISIR

Le coing est à point quand il affiche une belle couleur jaune, dégage un parfum agréable, qu'il est ferme au toucher et ne présente aucune meurtrissure. Il fait le bonheur des gourmands d'octobre à décembre.

COMMENT LE CONSERVER

Vous le garderez plusieurs semaines dans un lieu sec, frais et aéré.

SAVOIR LE PRÉPARER

Le coing est un des rares fruits qu'on ne mange pas cru. Sa peau est très dure, il faut l'éplucher à l'aide d'un économe, puis retirer le cœur avec un couteau.
Pour un épluchage plus facile, faites précuire les coings 3 minutes environ à l'autocuiseur. La peau s'enlève ensuite en un clin d'œil.

CRUMBLE AUX COINGS

Pour 6 personnes

Préparation : 20 min. Cuisson : 35 min

❀ 1 kg de coings ❀ 120 g de beurre ❀ 120 g de sucre ❀ 1 c. à c. de cannelle ❀ 150 g de farine ❀ sel

1. Épluchez les coings, retirez les cœurs et coupez-les en gros dés. Faites chauffer 20 g de beurre dans une casserole, mettez les dés de coings, ajoutez 40 g de sucre et la cannelle et laissez cuire 15 minutes.

2. Préchauffez le four à 210 °C.

3. Dans un saladier, mélangez du bout des doigts la farine, 80 g de beurre bien froid, une pincée de sel et le reste de sucre pour obtenir une pâte sableuse.

4. Beurrez un plat à four, répartissez les dés de coing et recouvrez de pâte à crumble.

5. Enfournez 20 minutes. Servez tiède avec de la crème fraîche ou une glace à la vanille.

Le saviez-vous ?

Le mot « marmelade » vient du portugais marmelo *qui signifie « coing ». En effet, jusqu'à la fin du* XVIII*e siècle, la marmelade était préparée principalement à base de coings.*

PLEIN D'IDÉES POUR LE CUISINER

• **Tajine d'agneau aux coings :** faites revenir 1 kg d'agneau coupé en morceaux et 2 oignons émincés dans de l'huile d'olive. Ajoutez épices et herbes de votre choix (gingembre, paprika, coriandre, safran, curry, cumin, miel...), recouvrez d'eau, couvrez et laissez cuire 1 heure environ. Faites blanchir 4 coings coupés en morceaux 15 minutes dans de l'eau bouillante. Quand la viande est cuite, ajoutez les coings et laissez mijoter un quart d'heure. Saveurs orientales garanties.

• **Purée de coings :** épluchez et coupez les coings en quartiers. Faites-les cuire 10 minutes à l'autocuiseur ou 30 minutes dans une casserole avec du beurre. Saupoudrez de muscade. Vous pouvez aussi le mélanger à d'autres légumes comme la pomme de terre ou le potiron. Délicieux avec de la volaille ou du gibier.

L'astuce du maraîcher

Ne jetez pas les pépins des coings : très riches en pectine, ils seront bien pratiques pour faire prendre vos confitures.

LA POIRE

Juteuse et plantureuse, la poire apporte toute sa sensualité aux préparations culinaires les plus variées. Rafraîchissante en salade ou glissée dans un dessert au chocolat, cette séductrice achèvera de vous convaincre poêlée avec un magret.

BIEN LA CHOISIR

Au toucher, les poires doivent être fermes et un peu souples autour du pédoncule, sans blessure ni trace de coups. Pensez à les mettre sur le haut du panier car elles sont extrêmement sensibles aux chocs. La saison des poires s'étend de la fin de l'été au printemps selon les variétés.

CONNAÎTRE LES VARIÉTÉS

La **williams** (août-octobre), juteuse et sucrée.
La **beurré hardy** (septembre-décembre), tendre, juteuse, légèrement acidulée.
La **conférence** (octobre-mars), juteuse, légèrement acidulée, parfumée, de très bonne tenue à la cuisson.
La **doyenné du Comice** (octobre-janvier), fondante, juteuse, d'une excellente qualité gustative.
La **passe-crassane** (septembre-décembre), très fondante, très juteuse.
Les deux dernières conviennent particulièrement bien aux préparations salées.

COMMENT LA CONSERVER

La poire continue à mûrir après la cueillette. Achetez des fruits mûrs à consommer dans les 2 à 3 jours, et d'autres, fermes, à déguster quelques jours plus tard.

SAVOIR LA PRÉPARER

Commencez par couper la poire en deux, puis retirez son cœur à l'aide d'une cuillère parisienne avant de la peler. Pour éviter qu'elle ne s'oxyde une fois pelée, arrosez-la de jus de citron.

Le saviez-vous ?

« Cadeau des dieux » selon Homère, la poire, cultivée en Chine depuis 4 000 av. J.-C., est arrivée en France au XVIe siècle. Elle est devenue un cadeau royal : à Reims, les rois de France, lors de leur sacre, recevaient une poire et une coupe de champagne.

FONDANT POIRE-CHOCOLAT

Pour 6 personnes

Préparation : 20 min
Cuisson : 35 min

- *4 poires passe-crassane*
- *100 g de sucre en poudre*
- *3 œufs*
- *2 c. à s. de farine*
- *2 c. à c. de levure chimique*
- *10 cl de lait*
- *3 c. à s. d'huile*
- *200 g de chocolat noir pâtissier*
- *sel*

Pour la finition

- *80 g de beurre*
- *1 œuf*
- *50 g de sucre en poudre*

1. Préchauffez le four à 180 °C (th. 6).

2. Fouettez le sucre, les œufs et une pincée de sel jusqu'à obtenir une préparation mousseuse. Incorporez la farine et la levure, puis délayez avec le lait et l'huile.

3. Faites fondre le chocolat au bain-marie (ou au four à micro-ondes). Incorporez-le à la pâte.

4. Versez la moitié de la pâte dans un moule de 20 cm de diamètre préalablement beurré et fariné.

5. Pelez les poires, retirez leur cœur, puis coupez-les en quartiers (ou en gros dés). Disposez-les sur la pâte. Recouvrez du reste de pâte. Faites cuire 15 minutes au four.

6. Faites fondre le beurre dans une casserole à feu doux. Fouettez l'œuf avec le sucre et incorporez le beurre fondu.

7. Sortez le fondant du four et versez le mélange œuf-beurre-sucre à la surface du gâteau. Remettez le gâteau au four et faites cuire 20 minutes supplémentaires. Laissez refroidir le gâteau dans le moule.

PLEIN D'IDÉES POUR LA CUISINER

VITE FAIT, BIEN FAIT !

• Poires pochées au vin : dans une grande casserole, portez à ébullition 75 cl de vin rouge. Ajoutez 100 g de sucre, des grains de poivre, de la cannelle, un clou de girofle, des zestes d'orange et de citron. Plongez-y 4 poires pelées (avec leur pédoncule). Laissez pocher 15 minutes à petits frémissements. Retirez les poires et laissez réduire le sirop. Un dessert d'antan toujours enivrant.

• Poires poêlées au miel : faites revenir 3 à 4 minutes dans du beurre des quartiers de poires, ajoutez un peu de miel et laissez caraméliser quelques minutes. Un délice avec des magrets de canard, une escalope de foie gras poêlée, du foie de veau ou même des Saint-Jacques sautées.

• Salade de mâche, poires et roquefort : pelez des poires et coupez-les en dés. Mélangez les dés de poire à de la mâche, émiettez par-dessus du roquefort. Arrosez de vinaigrette à la ciboulette.

Vous pouvez aussi réaliser cette recette avec des endives et ajouter des cerneaux de noix.

LES BONNES ASSOCIATIONS

- En salade, avec de la roquette, des endives, du céleri branche
- En lamelles, sur une tartine avec du fromage (roquefort, bleu, chèvre frais)
- Poêlée, avec de la volaille (canard), du gibier, du foie de veau ou même un tournedos au roquefort ou du poisson grillé
- En compote, avec des coings
- Dans les desserts, avec du chocolat noir, des noix, des noisettes
- Avec des épices : la cannelle, la cardamome, la réglisse

L'astuce du maraîcher

Conservez les pépins et la peau des poires. Grâce à la pectine qu'ils contiennent, ils vous serviront, glissés dans une mousseline, à épaissir une sauce. Plus besoin de Maïzena !

LA CHÂTAIGNE

La châtaigne à la jolie peau marron et brillante fut longtemps la base de notre alimentation. Aujourd'hui, on la déguste grillée, bouillie, en velouté ou même rôtie, et elle révèle toutes ses saveurs aussi bien dans les plats salés que dans les desserts.

BIEN LA CHOISIR

Privilégiez les châtaignes lourdes, bien pleines et brillantes. Éliminez celles dont la coque a des trous : elles sont infestées de vers. Plongez ensuite les châtaignes dans un saladier rempli d'eau et jetez celles qui surnagent : elles sont creuses.

CONNAÎTRE LES VARIÉTÉS

Optez pour les variétés traditionnelles : **précoce des Vans** (Ardèche), **sardonne**, **pourette**, **merle**, **bouche rouge** (marrons de Lyon), **marrons d'Olargues** (Hérault), **aguyane** et **comballe** (marrons d'Ardèche)… Évitez les nouvelles variétés issues de croisements génétiques et moins savoureuses : **marigoule**, **bouche de bétizac**, **maridonne**, **bournette**…

COMMENT LA CONSERVER

Malgré les apparences, la châtaigne est un fruit frais, donc très fragile. Elle ne se conserve pas plus d'une semaine dans le bac à légumes du réfrigérateur et craint l'humidité et la chaleur.

MOELLEUX AUX CHÂTAIGNES

Pour 6 personnes

Préparation : 30 min. Cuisson : 1 h 15

❀ 500 g de châtaignes ❀ 5 œufs ❀ 100 g de beurre mou ❀ 200 g de sucre en poudre ❀ 150 g d'amandes en poudre ❀ 2 c. à s. de farine ❀ 1 citron

1. Faites cuire les châtaignes 25 minutes dans une casserole d'eau bouillante. Égouttez-les et pelez-les tant qu'elles sont encore chaudes. Réduisez les châtaignes en purée.

2. Séparez les blancs des jaunes. Battez 5 jaunes d'œufs avec le sucre jusqu'à ce qu'ils blanchissent. Ajoutez le beurre mou coupé en dés, la purée de châtaignes, les amandes en poudre et la farine. Mélangez.

3. Râpez le zeste du citron et ajoutez-le au mélange.

4. Battez 4 blancs d'œufs et incorporez-les à la préparation.

5. Versez dans un moule à manqué préalablement beurré et fariné. Enfournez 50 minutes à 180 °C (th. 6).

6. Laissez refroidir le gâteau dans le moule et servez éventuellement avec de la crème fouettée.

PLEIN D'IDÉES POUR LA CUISINER

• **Velouté de châtaignes :** mixez des châtaignes bouillies avec du bouillon chaud. Poivrez et agrémentez selon votre humeur : dés de tomme, lard croustillant, morceaux de pomme ou encore lamelles de truffe ou dés de foie gras poêlé pour les repas de fête.

• **Purée de châtaignes :** faites cuire des châtaignes dans du bouillon de volaille. Épluchez-les et passez-les au moulin à légumes. Faites fondre du beurre dans une casserole et réchauffez la purée à feu doux, ajoutez de la crème fraîche et un cœur de céleri haché. Salez et poivrez. Idéal pour accompagner gibier, volailles, viandes blanches mais aussi poissons.

• **Poêlée de châtaignes aux girolles :** faites revenir à la poêle des échalotes et des lardons. Ajoutez des girolles, puis des châtaignes déjà cuites. Servez avec une volaille ou du gibier.

L'astuce du maraîcher

Entaillez les châtaignes afin qu'elles n'éclatent pas à la cuisson et versez un filet d'huile dans l'eau de cuisson pour assouplir l'écorce. Chaudes et encore humides, les châtaignes s'épluchent plus facilement.

Chez le boucher

LA POULARDE

La poularde est une jeune poule (âgée au minimum de 5 mois), abattue avant l'entrée en ponte. Une volaille d'exception à la chair parfumée, tendre et juteuse.

Comment la choisir ?

Choisissez une poularde à la chair souple et bien blanche. Le bec ne doit pas être trop dur et le bréchet flexible sous le doigt. N'hésitez pas à craquer pour une poularde de Bresse AOC.

Conservation

3 à 4 jours au réfrigérateur.

Des idées pour la cuisiner

La poularde apprécie la compagnie du vin jaune et des morilles, du champagne, et bien sûr du foie gras, de la truffe et des girolles.

Poularde au blanc : pochez la poularde 1 bonne heure dans un fond blanc aromatisé de carottes, d'oignons piqués de clous de girofle, de céleri et de bouquet garni. Nappez la poularde du jus de cuisson additionné de crème fraîche et servez-la avec du riz et les légumes cuits dans le bouillon.

LA CAILLE

Gallinacé aux formes rondes, la caille, souvent appelée « la petite exquise », mérite bien son surnom : élevée pour sa chair délicate, ferme et savoureuse, la caille rôtie, braisée ou farcie sait contenter les fins gourmets.

Comment la choisir ?

Choisissez des cailles rondes et grasses et préférez des Label rouge.
Une caille pèse de 80 à 100 g : comptez 2 ou 3 cailles par personne.

Conservation

Plumée et vidée, la caille se conserve 2 à 3 jours au réfrigérateur.

Des idées pour la cuisiner

Outre la classique recette aux raisins (voir p. 125), la caille aime aussi la compagnie des choux, des pommes, des cerises, des olives ou des pruneaux. On peut aussi tout simplement l'enrober d'aromates et la griller au barbecue ou la saisir à la poêle dans de l'huile d'olive, de l'ail et des oignons. Quel que soit le mode de cuisson, évitez de trop la cuire : sa chair se dessèche rapidement.

LE LAPIN

Le lapin est prêt à être cuisiné quand il atteint 5 mois. Souvent préparée en civet, sa viande blanche et tendre s'adapte à tous les modes de cuisson.

Comment le choisir ?

La chair doit être rose vif, recouverte d'un voile blanchâtre transparent, l'œil brillant et le foie rouge vif. Le jeune lapin est meilleur : on le reconnaît à ses pattes fines et à ses dents plus courtes.

Les bons morceaux

Les cuisses et le râble.

Conservation

4 jours au réfrigérateur.

Des idées pour le cuisiner

Lapin aux raisins et aux champignons : dans une cocotte, faites dorer dans de l'huile d'olive un lapin coupé en morceaux. Réservez. Faites dorer 800 g de champignons de saison avec de l'ail haché et du persil ciselé. Salez et poivrez. Réservez. Remettez le lapin dans la cocotte avec 3 échalotes émincées et 15 cl de vin blanc. Laissez frémir 5 minutes, ajoutez 40 cl de bouillon de volaille. Couvrez et poursuivez la cuisson 20 minutes. Ajoutez les champignons et les grains de 2 grappes de raisins blancs. Laissez cuire 20 minutes de plus. Ajoutez 2 c. à s. de crème fraîche au moment de servir.

LE FAISAN

Port élégant, plumage éclatant, le faisan est le roi du gibier à plumes et le plus apprécié des gastronomes. Préférez la poule faisane : la femelle possède une chair plus fine et plus savoureuse.

Comment le choisir ?

Choisissez plutôt une femelle, jeune de préférence : sa chair est plus tendre.

Conservation

2 à 3 jours maximum au réfrigérateur.

Des idées pour le cuisiner

Sauté, cuit en cocotte avec une farce ou en ragoût avec du cognac et des champignons, le faisan est aussi délicieux rôti.

Faisan au curry : faites mariner 6 à 7 heures un faisan coupé en morceaux avec 3 yaourts nature brassés, 2 c. à c. de curry, du sel et du poivre. Réservez la marinade. Dans une cocotte, faites revenir dans du beurre 3 oignons émincés et un peu de gingembre haché, puis ajoutez les morceaux de faisan. Laissez mijoter à feu doux 35 minutes en retournant les morceaux régulièrement. Versez la marinade dans une casserole, ajoutez le jus d'un citron, salez et poivrez. Servez le faisan nappé de sauce.

Chez le poissonnier

LE HARENG

Poisson à dos vert-bleu et à ventre argenté, le hareng au corps élancé aime les mers froides. On l'aime fumé en salade avec des pommes de terre mais aussi frais pour son goût tout en finesse.

Comment le choisir ?

Choisissez des harengs avec une peau bien tendue, des écailles brillantes et adhérentes, l'œil vif et des ouïes rouges.

Conservation

2 jours au réfrigérateur.

Des idées pour le cuisiner

Pour qu'il conserve tous ses apports nutritionnels, préférez une cuisson à la vapeur. Ajoutez dans l'eau de cuisson des herbes, du céleri, des carottes et des oignons émincés, fermez et faites cuire 5 minutes.

En automne, le hareng est plein. Profitez-en pour le cuisiner à la flamande. Retirez la laitance, mixez avec du persil, de l'estragon et des oignons. Ajoutez de la moutarde et farcissez les harengs de cette préparation. Placez-les dans un plat beurré, mouillez avec 50 cl de vin rouge et parsemez de noisettes de beurre et de chapelure. Enfournez 30 minutes à 200 °C (th. 6-7).

LE ROUGET

Merveille de saveur iodée appréciée depuis l'Antiquité, le rouget barbet ou de roche est un poisson à la chair fine et parfumée et à la texture délicate. Il se déguste simplement et se cuit rapidement. Un régal.

Comment le choisir ?

Les écailles doivent être bien attachées, la peau brillante et les branchies bien rouges.

Conservation

2 jours au réfrigérateur.

Des idées pour le cuisiner

Les petits rougets de 10 cm sont délicieux en friture ou flambés au pastis. Les plus grands seront parfaits en papillote avec un peu de thym, du romarin ou de la sauge et de l'huile d'olive. Ils peuvent aussi être préparés à l'escabèche ou à la provençale avec des tomates, des olives, de l'ail et du basilic.

Le rouget s'associe à merveille avec la tapenade, le caviar d'aubergine, le fenouil et le safran. Mais c'est poêlé rapidement au beurre salé qu'il est le meilleur.

LA COQUILLE SAINT-JACQUES

Ce divin mollusque concentre toutes les saveurs de la mer. En cuisine, sa chair délicate et d'une grande finesse réclame de la simplicité et une cuisson rapide.

Comment la choisir ?

Fermée : elle doit être bien lourde et entière. Si elle bâille, elle doit se refermer si on la tapote avec le doigt. Repoussez celles qui dégagent une odeur de soufre.

Ouverte : la noix doit être ferme et nacrée et le corail rose et humide.

L'emballage doit signaler le nom, le secteur et la date de pêche et doit porter la mention « coquille Saint-Jacques ». Si le mot « coquille » n'apparaît pas, il s'agit sans doute de pétoncles.

Conservation

3 jours enveloppées dans un torchon et posées à plat dans le bas du réfrigérateur.

Des idées pour la cuisiner

Extra-fraîche, elle se déguste en carpaccio avec des agrumes et de l'huile d'argan. Elle aime le curry, le safran, la citronnelle, le gingembre, la coriandre.

Saint-Jacques au gingembre : faites revenir des échalotes émincées dans du beurre. Ajoutez du gingembre râpé. Laissez cuire 3 minutes et réservez. Faites saisir les Saint-Jacques dans du beurre 2 à 3 minutes sur chaque face. Servez avec les échalotes au gingembre.

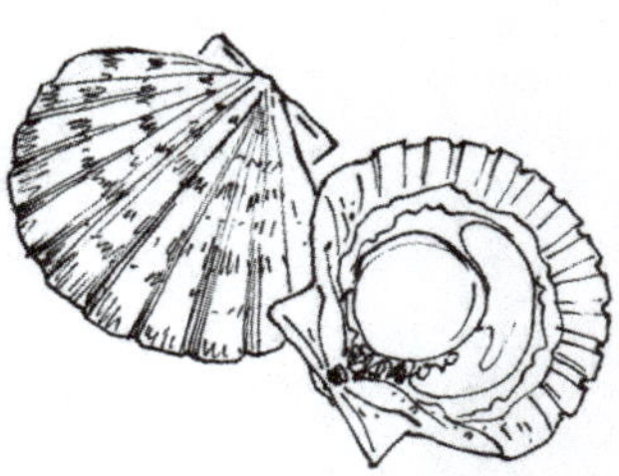

LE LIEU NOIR

Poisson maigre, bon marché et facile à cuisiner, le lieu noir a tout pour séduire. Appelé aussi colin ou merlu, ce cousin du cabillaud apprécie les sauces relevées.

Comment le choisir ?

Sa peau doit être brillante, ses yeux vifs et bombés, ses ouïes bien rouges et son ventre intact.

Ne le confondez pas avec le lieu jaune, plus fin mais beaucoup plus onéreux !

Conservation

Pas plus de 3 jours au réfrigérateur.

Des idées pour le cuisiner

On peut le cuisiner à la vapeur, au court-bouillon, mais aussi poêlé, grillé, pané ou encore en papillote ou au four. Essayez-le pané avec une sauce à la moutarde et à la crème fraîche.

Lieu en croûte de parmesan : mélangez 100 g de chapelure et 200 g de parmesan râpé. Trempez 4 filets de lieu dans deux œufs battus, puis passez-les dans le mélange au parmesan. Faites frire 5 minutes de chaque côté dans du beurre. Placez les filets dans un plat à four. Recouvrez du reste de chapelure au parmesan et de noix de beurre. Passez 5 minutes sous le gril du four.

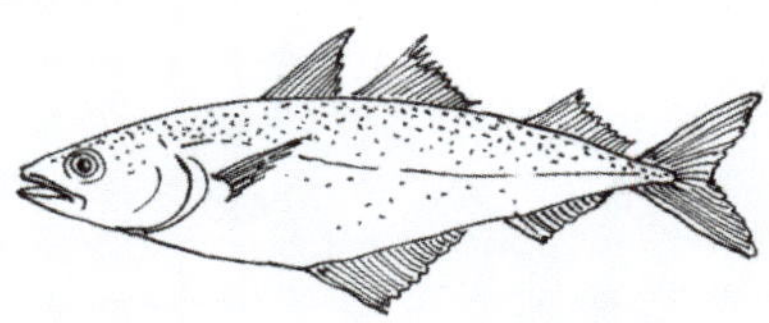

Chez le fromager

LE CAMEMBERT

Rond, lové dans une jolie boîte en bois, originaire de Normandie ? Oui, c'est le camembert au goût marqué, emblème de la France avec la baguette et le béret. Le plus célèbre des fromages français, AOC depuis 1983, aurait été mis au point par Marie Harel, fermière de Camembert, au XVIIIe siècle.

Comment le choisir ?

Ni trop ferme, ni trop coulant, le camembert doit être bien blanc et ne pas dégager une odeur trop forte.

Conservation

10 jours dans son emballage d'origine au réfrigérateur entre 4 et 8 °C.

Des idées pour le cuisiner

Pané puis frit à déguster avec une salade verte et de la confiture de fruits rouges ;
au four dans sa boîte après avoir percé la croûte, à servir avec des pommes vapeur ;
dans une tarte aux endives, aux brocolis ou aux poireaux ; dans une soupe à l'oignon ou nature avec des lamelles de pomme.

LE SAINT-NECTAIRE

Fromage au lait cru de vache, le saint-nectaire doit sa texture crémeuse aux pâturages des volcans d'Auvergne. Cette AOC a été rendue célèbre hors d'Auvergne au maréchal Henri de Sennecterre qui l'avait fait découvrir à Louis XIV.

Comment le choisir ?

Le saint-nectaire fermier au lait cru se reconnaît à sa plaque ovale de caséine verte.
Le laitier affiche également une plaque de caséine verte mais elle est carrée.

Conservation

1 semaine au réfrigérateur, dans son emballage.

Des idées pour le cuisiner

En tarte, en gratin, en croque-monsieur, en omelette ou en truffade.

Soupe au saint-nectaire : faites blondir un oignon émincé dans du beurre. Mettez des morceaux de pain rassis dans une cocotte, ajoutez 1,5 l de bouillon de volaille. Laissez mijoter 20 minutes environ. Ajoutez la moitié d'un saint-nectaire coupé en dés et l'oignon doré. Mélangez. Avant de servir, ajoutez 3 c. à s. de crème fraîche.

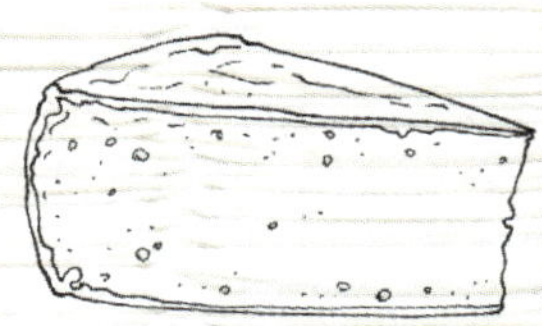

LE BEAUFORT

Fromage à pâte pressée cuite, issu des hautes vallées savoyardes, le beaufort est considéré comme le « prince des gruyères » depuis Brillat-Savarin. Son goût fruité en fait un allié indispensable de la fondue savoyarde.

Comment le choisir ?

Le beaufort se reconnaît à son talon concave et à sa plaque de caséine bleue. Vérifiez que sa croûte et sa pâte soient lisses, sans trous.

Beaufort d'été ou chalet d'alpage : saveur plus prononcée, pâte plus jaune. Il est vendu à partir d'octobre.

Beaufort d'hiver : vendu le reste de l'année, il est utilisé pour la fondue. Ses arômes sont moins marqués.

Conservation

1 semaine dans son emballage d'origine au réfrigérateur.

Des idées pour le cuisiner

En fondue bien sûr. Mais n'hésitez pas à mêler ses arômes fruités aux girolles, aux épinards, aux Saint-Jacques ou au saumon. Il remplace avantageusement le gruyère dans les gratins, les quiches, les soufflés, les omelettes, les tourtes. Évitez de le râper, coupez-le plutôt en fines lamelles.

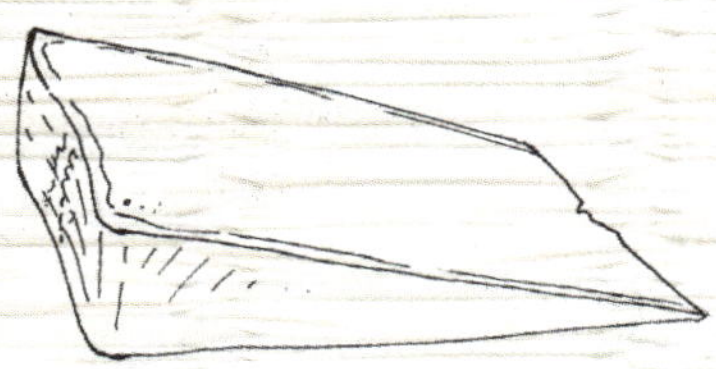

LE MUNSTER

Né au Moyen Âge dans un monastère des Vosges, ce fromage à la forte personnalité en a tiré son nom (du latin *monasterium*). Le munster ou munster géromé (appellation vosgienne) bénéficie d'une AOC depuis 1969.

Comment le choisir ?

Sa croûte lisse doit afficher une couleur jaune orangé à rouge orangé. Sa pâte doit être souple et onctueuse et l'odeur typique assez puissante.

Conservation

10 jours dans son emballage d'origine au réfrigérateur.

Des idées pour le cuisiner

Sur une tranche de pain, saupoudré de cumin ou de carvi.

Tourte vosgienne : mélangez un munster coupé en dés, 1 oignon émincé revenu avec 150 g de lardons fumés et 4 pommes de terre cuites à l'eau et coupées en rondelles. Dans un grand bol, mélangez 2 œufs, 15 cl de lait et 15 cl de crème fraîche. Salez et poivrez. Étalez une pâte brisée, versez le mélange aux pommes de terre, puis le mélange aux œufs. Recouvrez d'une pâte feuilletée badigeonnée d'un œuf battu. Découpez une cheminée au centre et enfournez 40 minutes environ à 180 °C (th. 6).

Strasbourg le 3-9-06.
Mon cher Alex
A toi cette belle carte.
pense que tu en seras
content, c'est la plus belle de
collection. Ton charmant petit mot
a fait grand plaisir aussi comme tu le vois je
m'empresse d'y répondre par cette carte
Je sais que tu préfè
Strosbury
em neie Märik

Le froid pique le nez, mais sur le marché, les commerçants sont au rendez-vous ! Laissez-vous tenter par des moules aux saveurs iodées, un ananas juteux ou un mont d'or fondant...
Et de retour à la maison, réchauffez-vous avec une soupe revigorante aux légumes oubliés et de bons petits plats mitonnés.

Hiver

LA POMME DE TERRE

Omniprésente en cuisine, la pomme de terre est vraiment polyvalente. En version basique ou créative, elle se décline sur toute la palette des textures et des saveurs : en gratin, en purée, en soupe, sautée, mijotée… Sa présence rassurante dans le placard nous sauve souvent la mise.

BIEN LA CHOISIR

Choisissez des pommes de terre fermes sans taches verdâtres ni germes.

CONNAÎTRE LES VARIÉTÉS

Les variétés à chair ferme, qui se tiennent bien à la cuisson : **amandine**, **annabelle**, **belle de Fontenay**, **charlotte**, **francine**, **pompadour**, **ratte**, **roseval**. À faire cuire à la vapeur ou à l'eau, pour les salades notamment.

Les variétés à chair fondante, tendres avec une bonne tenue à la cuisson : **agata**, **monalisa**, **nicola**, **samba**. Pour faire des pommes de terre rissolées, des pommes sautées, des plats mijotés, des gratins et pour la cuisson au four.

Les variétés à chair farineuse, qui se délitent à la cuisson et absorbent moins l'huile : **bintje**, **caesar**, **manon**, **maraval**, **vitelotte**. Pour les purées, les potages et les frites.

COMMENT LA CONSERVER

Les pommes de terre peuvent être conservées au frais dans un endroit sec et aéré jusqu'à deux semaines. Ne les gardez pas dans un sac plastique, elles risqueraient de pourrir.

SAVOIR LA PRÉPARER

La pomme de terre noircit au contact de l'air. Il faut donc la cuire immédiatement après l'avoir épluchée ou la conserver dans un saladier rempli d'eau froide.

CUISSON ET QUANTITÉ

10 à 12 minutes à l'autocuiseur
1 heure au four
25 minutes à l'eau bouillante
1 kg pour une purée, un gratin ou une salade pour 4 pers.

POMME DE TERRE
PRIMEUR

HACHIS PARMENTIER DE CANARD À LA POMME

Pour 6 personnes

Préparation : 20 min
Cuisson : 50 min

- *1 kg de pommes de terre à chair farineuse (bintje)*
- *20 cl de lait*
- *130 g de beurre*
- *800 g de pommes (pink lady)*
- *5 cuisses de canard confites*
- *2 oignons*
- *6 brins de persil*
- *3 c. à soupe d'huile*
- *noix de muscade*
- *quatre-épices*
- *sel et poivre*

1. Faites cuire les pommes de terre avec leur peau dans une casserole d'eau bouillante salée 25 minutes environ jusqu'à ce que la pointe d'un couteau pénètre facilement. Épluchez-les et passez-les au moulin à légumes.

2. Faites chauffer le lait et incorporez-le à la purée en mélangeant. Ajoutez 100 g de beurre en morceaux. Salez, poivrez, ajoutez un peu de muscade râpée, mélangez. Réservez au chaud.

3. Épluchez, épépinez et coupez les pommes en dés. Faites-les sauter dans une poêle dans 20 g de beurre pendant une dizaine de minutes. Poivrez et ajoutez une pincée de quatre-épices.

4. Préchauffez le four à 200 °C (th. 6/7).

5. Effilochez les cuisses de canard. Émincez les oignons et ciselez le persil. Faites revenir l'oignon dans l'huile dans une poêle, puis ajoutez le canard et poursuivez la cuisson 5 minutes. Salez et poivrez.

6. Beurrez un plat à gratin. Tapissez le fond d'une couche de purée de pommes de terre, recouvrez de canard aux oignons, saupoudrez de persil haché, terminez par une couche de pommes. Recouvrez de noisettes de beurre. Enfournez 20 minutes jusqu'à ce que le parmentier soit bien doré.

PLEIN D'IDÉES POUR LA CUISINER

VITE FAIT, BIEN FAIT !

• **Salade de pommes de terre à la truffe :** faites cuire 800 g de pommes de terre (belle de Fontenay) 25 minutes à l'eau bouillante salée. Épluchez-les et coupez-les en rondelles. Émincez 1 truffe de 40 g en lamelles fines. Préparez une vinaigrette à l'huile de noix et versez-la sur les pommes de terre tièdes. Ajoutez la truffe, mélangez et parsemez de ciboulette ciselée. Une salade chic haute en saveurs.

• **Pommes de terre farcies au foie gras :** faites cuire des pommes de terre coupées en deux avec la peau au four 45 minutes à 180 °C (th. 6). Poêlez une escalope de foie gras 1 minute de chaque côté. Sortez les pommes de terre, évidez une partie de la chair, remplissez avec le foie gras poêlé.

• **Gratin de pommes de terre à la crème de roquefort :** émincez 1 kg de pommes de terre. Mélangez 30 cl de lait, 30 cl de crème fraîche et 5 jaunes d'œufs. Ajoutez 150 g de lardons, 250 g de roquefort émietté, une poignée de noix concassées, 1 oignon émincé. Salez peu et poivrez. Disposez une couche de pommes de terre dans un plat à gratin beurré. Recouvrez du mélange. Recommencez l'opération. Terminez par le mélange au fromage. Mettez au four 1 heure à 180 °C (th. 6) et terminez par 5 minutes au gril. Servez avec une salade verte.

LES BONNES ASSOCIATIONS

En salade, avec :
- des poissons fumés, des œufs de saumon, du poisson blanc mariné dans du citron
- des dés de tomme, du bleu émietté
- des œufs durs ou mollets

En gratin, avec :
- des tomates, de la mozzarella et du basilic
- des lardons, du reblochon, des oignons, de la crème fraîche et de la bière
- des oignons caramélisés, de la crème et du fromage râpé

En purée, avec :
- de la muscade, du curry, des copeaux de truffe, du gingembre
- des zestes de citron, du lait de coco

L'astuce du maraîcher

Pour garder un maximum de sels minéraux et de vitamines, faites cuire les pommes de terre avec leur peau et pas à grande eau.

L'OIGNON

Légume-condiment aromatique, l'oignon a su se rendre indispensable en cuisine. Puissant quand il est cru, il s'adoucit à la cuisson et devient alors un légume à part entière.

BIEN LE CHOISIR

L'oignon d'hiver doit afficher une couleur uniforme sans taches. Il ne doit pas être germé. Pour l'oignon blanc de printemps, assurez-vous que son bulbe soit bien brillant.

CONNAÎTRE LES VARIÉTÉS

L'**oignon jaune paille des Vertus** est la variété la plus courante (disponible toute l'année).
L'**oignon doux des Cévennes**, blanc nacré ou cuivré, AOC depuis 2003, est juteux quand il est cru et doux et fondant une fois cuit (d'août à avril).
L'**oignon blanc** se déguste frais et cru (d'avril à septembre).
L'**oignon rouge** se mange plutôt cru ou mariné (disponible toute l'année).

COMMENT LE CONSERVER

L'oignon se conserve quelques mois au sec à l'abri de la lumière. Ne gardez pas un oignon entamé : congelez ce qui n'a pas été utilisé.

SAVOIR LE PRÉPARER

Pour émincer les oignons sans pleurer, sortez vos lunettes de piscine !

QUANTITÉ

800 g pour une tarte à l'oignon
500 g pour une soupe à l'oignon pour 4 pers.

POULET YASSA

Pour 6 personnes

Préparation : 20 min. Cuisson : 50 min
Marinade : 3 h

❀ 1 poulet de 1,5 kg ❀ 8 oignons ❀ 1 gousse d'ail ❀ 4 citrons ❀ 1 piment séché ❀ 3 c. à s. de moutarde ❀ 6 c. à s. d'huile d'arachide ❀ 50 cl de bouillon de volaille ❀ sel et poivre

1. Émincez les oignons. Écrasez la gousse d'ail. Pressez les citrons. Émincez le piment. Mélangez tous ces ingrédients avec la moutarde et 3 c. à s. d'huile. Salez et poivrez. Coupez le poulet en morceaux, badigeonnez-le de marinade et réservez-le 3 heures au réfrigérateur.

2. Dans une sauteuse, faites dorer 10 minutes les morceaux de poulet à feu vif dans 3 c. à s. d'huile et ajoutez les oignons. Quand les oignons commencent à s'attendrir, ajoutez le bouillon et le reste de marinade.

3. Mélangez et laissez cuire 30 minutes à feu moyen. Servez avec du riz blanc.

PLEIN D'IDÉES POUR LE CUISINER

• **Oignons fondants :** enveloppez d'aluminium des oignons non pelés, enfournez à 150 °C (th. 5) pendant 1 h 30. Vous obtenez des oignons exquis et fondants, parfaits pour accompagner un poisson vapeur ou grillé.

• **Compotée d'oignons :** faites revenir et colorer doucement 500 g d'oignons émincés dans un peu d'huile d'olive. Ajoutez 4 c. à c. de sucre et faites fondre doucement. Versez ensuite 4 c. à c. de vinaigre balsamique et mélangez bien. Laissez cuire doucement à feu très doux pendant au moins une demi-heure. Indispensable pour accompagner du foie gras.

• **Onion rings :** coupez des oignons en lamelles. Détachez les anneaux délicatement et trempez-les dans une pâte à beignets. Faites frire 3 minutes. Égouttez et servez avec une viande rouge ou un hamburger. Des oignons croustillants au goût sucré qui feront le bonheur des enfants.

L'astuce du maraîcher

Les odeurs d'oignon sont tenaces. Pour éviter de sentir l'oignon, badigeonnez-vous les mains de jus de citron avant de l'éplucher.

LA CAROTTE

Avec sa saveur douce et sucrée, la carotte adore les recettes épicées. Tendre et fondante, elle se savoure en purée, râpée ou en velouté, et nous surprend agréablement quand elle se transforme en cake. Et en plus, il paraît qu'elle rend aimable !

BIEN LA CHOISIR

La carotte doit être bien ferme, bien brillante, et d'un bel orange. Sa peau doit être lisse, sans taches ni blessures. Les fanes doivent être vertes et vigoureuses.

CONNAÎTRE LES VARIÉTÉS

Les carottes sont vendues toute l'année. En automne et en hiver, on trouve sur les étals les carottes de « conservation », appelées aussi de « garde ».
D'avril à juillet, c'est la saison de la carotte primeur, souvent en botte avec ses fanes. De juillet à octobre, on peut acheter des carottes « de saison ».

COMMENT LA CONSERVER

Les carottes de conservation se gardent une dizaine de jours dans un sac plastique perforé dans le bac à légumes du réfrigérateur (2 à 3 jours pour les carottes primeur).

SAVOIR LA PRÉPARER

Ce n'est pas la peine d'éplucher les carottes : grattez-les et les vitamines qui se trouvent dans la peau seront conservées.
Ne jetez pas les fanes des carottes : glissées dans une soupe ou dans une sauce, elles libéreront tous leurs arômes.

CUISSON ET QUANTITÉ

8 minutes à l'autocuiseur
30 minutes à l'eau bouillante salée
25 minutes sautées à la poêle
500 g pour des carottes râpées pour 4 pers.

Le saviez-vous ?

Jusqu'à la Renaissance, les carottes étaient blanches. Ce n'est qu'au XIXe siècle qu'apparut la variété orange que nous connaissons aujourd'hui.

CAKE À LA CAROTTE

Pour 6 personnes

Préparation : 15 min
Cuisson : 45 min
Repos : 15 min

- *6 carottes*
- *100 g de noix*
- *4 œufs*
- *200 g de sucre*
- *20 cl d'huile de tournesol*
- *300 g de farine*
- *½ sachet de levure*
- *1 c. à c. de cannelle*
- *1 c. à c. de gingembre*
- *½ c. à c. de muscade*
- *½ c. à c. de sel*
- *10 g de beurre*

Pour le glaçage

- *100 g de fromage frais type Saint Môret*
- *50 g de sucre glace*
- *15 g de beurre*
- *1 citron*

1. Préchauffez votre four à 180 °C (th. 6).

2. Râpez les carottes et hachez les noix.

3. Battez les œufs et le sucre. Ajoutez l'huile et mélangez. Ajoutez les carottes râpées et mélangez. Incorporez la farine, la levure, les épices, le sel et les noix hachées. Mélangez.

4. Remplissez un moule à cake préalablement beurré avec la préparation. Enfournez 45 minutes environ. Vérifiez la cuisson avec la pointe d'un couteau (elle doit ressortir sèche).

5. Pendant ce temps, préparez le glaçage : battez le fromage frais, le sucre glace et le beurre ramolli. Ajoutez le jus d'un demi-citron.

6. Sortez le gâteau du four, laissez-le refroidir au moins un quart d'heure, puis démoulez-le. Nappez-le du glaçage.

PLEIN D'IDÉES POUR LA CUISINER

VITE FAIT, BIEN FAIT !

- **Carottes râpées à l'orange :** râpez 500 g de carottes. Mélangez le jus d'un citron, 1 pincée de sel, 1 c. à s. de sucre en poudre, 1 c. à s. d'eau de fleur d'oranger et 1 c. à c. d'huile d'olive. Mélangez avec les carottes râpées et 2 oranges pelées à vif et coupées en morceaux. Délicieusement frais.

- **Carottes braisées au miel et aux épices :** grattez, puis émincez 800 g de carottes. Faites-les revenir dans un peu de beurre dans une sauteuse. Ajoutez 4 c. à c. de miel, 1 gousse d'ail écrasée, puis 30 cl de bouillon de volaille. Salez et poivrez. Ajoutez une pincée de cumin et de gingembre en poudre. Laissez cuire à feu doux 25 minutes. Des carottes très fondantes pour accompagner une viande rouge ou blanche.

- **Spaghettis aux carottes et au curry :** grattez des carottes, émincez-les à l'aide d'un économe en essayant de faire des jolis rubans. Faites cuire des spaghettis. Dans une grande poêle, faites fondre du beurre, saupoudrez de curry, mélangez, puis ajoutez les rubans de carotte et un peu de crème fraîche. Versez les spaghettis égouttés, remuez et servez très chaud.

LES BONNES ASSOCIATIONS

En purée : avec des navets, des pommes de terre, du céleri rave, du brocoli...

En jus frais, avec :
- des pommes et du gingembre
- une orange pressée et de la menthe fraîche
- du céleri branche et de la tomate
- du raisin et un citron pressé
- de la mangue, une orange pressée et du gingembre

Avec des épices : la badiane, la cannelle, la coriandre, le cumin, le curry, la vanille, le gingembre frais...

Dans une soupe ou une salade : avec les agrumes (citron, citron vert, orange...)

Avec du vin rouge : en version mijotée comme dans le bœuf-carottes.

L'astuce du maraîcher

Pour cuire à cœur des grosses carottes entières, incisez-les avec la pointe d'un couteau sur les deux tiers de leur longueur. Elles cuiront ainsi de manière uniforme tout en restant entières.

LE PANAIS

Ni carotte ni navet, le panais – un légume de moins en moins oublié – possède une saveur inimitable, exquise et délicate, au léger goût de noisette. Cru ou cuit, il est facile à cuisiner en poêlée avec d'autres légumes oubliés, en purée ou en frites pour étonner les enfants.

BIEN LE CHOISIR

Choisissez un panais bien ferme, pas trop gros, d'un beau blanc crème sans taches. N'achetez pas les panais mous ou racornis. La saison du panais s'étend d'octobre à décembre.

COMMENT LE CONSERVER

Le panais se conserve 3 à 4 semaines dans un sac plastique perforé, dans le bac à légumes du réfrigérateur.

SAVOIR LE PRÉPARER

Comme pour la carotte, pas besoin de l'éplucher, contentez-vous de le gratter.

CUISSON ET QUANTITÉ

8 à 10 minutes à la vapeur
20 minutes à l'eau bouillante
800 g de panais pour une soupe pour 6 pers.

VELOUTÉ DE PANAIS AUX ÉPICES ET BACON GRILLÉ

Pour 6 personnes

Préparation : 15 min. Cuisson : 35 min

❀ 1 oignon ❀ 600 g de panais ❀ 200 g de pommes de terre ❀ 3 c. à s. d'huile d'olive ❀ 1 l de bouillon de volaille ❀ 1 c. à s. de curry en poudre ❀ 1 c. à c. de cumin moulu ❀ 25 cl de crème fraîche ❀ 12 tranches de bacon ❀ sel et poivre

1. Épluchez et émincez l'oignon. Grattez les panais, épluchez les pommes de terre et coupez-les en morceaux. Dans une grande sauteuse, faites revenir l'oignon dans l'huile d'olive pendant 5 minutes, puis ajoutez les morceaux de panais et de pomme de terre.

2. Ajoutez le bouillon de volaille bien chaud et les épices. Laissez mijoter 25 minutes environ à feu moyen.

3. Mixez. Ajoutez la crème. Salez et poivrez si nécessaire. Faites réchauffer à feu doux.

4. Faites griller les tranches de bacon dans une poêle antiadhésive 1 minute de chaque côté. Versez la soupe dans des bols et déposez deux tranches de bacon grillé dans chaque bol.

PLEIN D'IDÉES POUR LE CUISINER

• **Frites de panais :** taillez les panais en frites. Déposez-les sur une plaque de cuisson recouverte d'aluminium. Nappez de 2 c. à s. d'huile d'olive. Mélangez. Salez et poivrez. Faites cuire 20 minutes à four chaud (220 °C). Un bon moyen pour faire manger des légumes aux enfants.

• **Salade de panais au fenouil :** râpez des panais bien frais, émincez du fenouil et des pommes. Mélangez et arrosez de vinaigrette au citron vert. Croquant et rafraîchissant.

• **Röstis au panais :** la veille, faites cuire des pommes de terre et des panais à l'eau avec leur peau. Le jour même, épluchez-les. Râpez-les avec une râpe à gros trous. Salez. Versez le mélange pommes de terre-panais dans du beurre chaud dans une poêle. Formez une galette en appuyant avec une spatule en bois. Laissez dorer 4 minutes environ de chaque côté. À déguster avec une salade verte.

L'astuce du maraîcher

Le panais s'oxyde au contact de l'air. Préparez-le au dernier moment ou faites-le tremper dans de l'eau additionnée de jus de citron avant de le cuisiner.

LE CHOU VERT

Légume rustique, le chou vert entre dans nombre de recettes traditionnelles, en soupe, en potée ou farci. Mais il aime aussi les cuissons à la vapeur pour accompagner les poissons et, braisé, il apprécie la compagnie des viandes blanches. Avec lui, vous ne ferez jamais chou blanc !

BIEN LE CHOISIR

Le chou vert doit être dense et lourd en main et ses feuilles doivent être fermes, brillantes et bien serrées. Il est disponible d'octobre à février.

COMMENT LE CONSERVER

Le chou vert se conserve jusqu'à une semaine dans le bac à légumes du réfrigérateur.

SAVOIR LE PRÉPARER

Le chou vert se prépare comme une salade : retirez son trognon, jetez les feuilles abîmées et lavez-le.

CUISSON ET QUANTITÉ

10 à 15 minutes à l'autocuiseur
1 heure 30 en cocotte pour un chou farci
1 chou vert pour une potée pour 6 pers.
½ chou vert pour une salade pour 4 pers.

WOK DE FILET MIGNON AU CHOU VERT

Pour 4 personnes

Préparation : 15 min. Cuisson : 25 min

❀ 1/2 chou vert ❀ 1 filet mignon de porc (600 g environ) ❀ 5 cm de gingembre frais ❀ 1 c. à s. de vinaigre de Xérès ❀ 3 c. à c. de sauce soja ❀ coriandre fraîche ❀ 2 c. à s. d'huile

1. Effeuillez le chou, jetez les premières feuilles, et plongez les feuilles 3 minutes dans une casserole d'eau bouillante. Passez-les sous l'eau froide, égouttez-les, puis émincez-les en fines lanières.

2. Épluchez et râpez le gingembre.

3. Coupez le filet mignon en fines tranches. Faites chauffer l'huile dans un wok. Ajoutez les tranches de filet mignon et faites-les revenir 3 minutes à feu vif.

4. Ajoutez le gingembre râpé, le vinaigre de Xérès et la sauce soja. Poursuivez la cuisson 5 minutes en remuant. Réservez la viande.

5. Mettez les lanières de chou vert dans le wok. Faites-les sauter 10 minutes à feu vif. Remettez la viande. Mélangez et laissez mijoter encore 5 minutes.

6. Saupoudrez de coriandre ciselée. Servez avec du riz blanc.

PLEIN D'IDÉES POUR LE CUISINER

• **Chou vert étuvé au genièvre :** faites cuire des lanières de chou vert dans une casserole avec un peu d'eau, environ un quart d'heure. Salez et ajoutez un bon morceau de beurre et une dizaine de baies de genièvre. Succulent avec un poisson cuit à la vapeur.

• **Papillote de saumon au chou vert :** faites blanchir des feuilles de chou 3 minutes, puis étalez-les sur une feuille d'aluminium beurrée en les faisant se chevaucher. Déposez par-dessus un pavé de saumon. Arrosez de sauce soja. Fermez et faites cuire 25 minutes au four. Servez avec une sauce citron-miel-beurre. Léger et savoureux.

• **Salade de chou vert aux lardons :** émincez un demi-chou vert (jeune de préférence) en fines lanières. Arrosez de vinaigrette bien poivrée et moutardée. Laissez macérer 2 heures. Faites revenir 250 g de lardons fumés à la poêle. Versez les lardons sur le chou avec le gras rendu par les lardons à la cuisson. Succès garanti.

L'astuce du maraîcher

Le chou vert sera plus digeste si vous ajoutez des graines de cumin ou d'anis vert dans l'eau de cuisson. Et pour éviter les odeurs dans toute la maison, glissez un morceau de pain dans une mousseline et mettez-la dans l'eau de cuisson.

LE CHOU ROUGE ET LE CHOU BLANC

Savez-vous manger les choux à la mode, à la mode ? À la mode allemande, en version rouge, confit avec des épices et du vinaigre ? À la mode anglo-saxonne, en blanc, façon coleslaw ? Avec le chou rouge et blanc, il y en a pour tous les goûts et toutes les couleurs.

BIEN LES CHOISIR

Choisissez un chou lourd en main, dense et aux feuilles brillantes. Vérifiez que le point de coupe est bien net.
On trouve du chou rouge d'octobre à mars et le blanc est disponible toute l'année.

CONNAÎTRE LES VARIÉTÉS

Le chou blanc et le chou rouge appartiennent à la famille des choux cabus à feuilles lisses. Au printemps, on trouve du chou pointu : **pointu de châteaurenard** ou **louviers**.

COMMENT LES CONSERVER

Le chou blanc ou rouge se conserve 1 semaine maximum dans le bac à légumes du réfrigérateur.

SAVOIR LES PRÉPARER

Coupez le chou en quatre et lavez-le rapidement à l'eau froide. Ne le laissez pas tremper dans l'eau.

CUISSON ET QUANTITÉ

15 minutes à l'autocuiseur (chou blanc)
20 minutes sauté à la poêle
½ chou pour 1 salade pour 6 pers.
500 g pour 4 pers., en accompagnement

Le saviez-vous ?

Le chou est cultivé depuis l'Antiquité et était très apprécié des Grecs et des Romains. On lui attribuait des vertus de longévité. On en distinguait 250 variétés en France au début du XXe siècle, mais toutes sont issues du brassica oleracea.

CHOU ROUGE FONDANT AUX POIRES

Pour 6 personnes

Préparation: 20 min
Cuisson : 50 min

- *800 g de chou rouge*
- *3 poires*
- *1 oignon*
- *1 orange*
- *2 cm de gingembre frais*
- *50 g de beurre*
- *50 g de sucre en poudre*
- *25 cl de bouillon de volaille*
- *½ c. à c. de cannelle*
- *½ c. à c. de quatre-épices*
- *100 g de raisins secs*
- *30 cl de vin rouge*
- *4 c. à s. de vinaigre de vin*
- *sel et poivre*

1. Coupez le chou en deux et retirez le cœur blanc. Émincez le chou en fines lanières.

2. Épluchez les poires, retirez le cœur et coupez-les en lamelles. Émincez l'oignon.

3. Prélevez le zeste de l'orange. Pelez et râpez le gingembre.

4. Dans une cocotte, faites fondre le beurre. Faites-y dorer l'oignon émincé et les lamelles de poires quelques minutes.

5. Ajoutez le chou et le sucre. Mouillez avec le bouillon de volaille, ajoutez les épices, les raisins secs, le gingembre râpé et le zeste d'orange. Salez, poivrez et mélangez.

6. Ajoutez le vin et le vinaigre. Baissez le feu, couvrez et laissez mijoter à feu doux 45 minutes environ.

7. Servez avec un rôti de porc.

PLEIN D'IDÉES POUR LE CUISINER

VITE FAIT, BIEN FAIT !

• **Salade de chou aux pommes :** émincez un demi-chou blanc (ou rouge). Recouvrez de vinaigrette moutardée. Laissez mariner 10 minutes. Ajoutez 2 pommes coupées en dés et 100 g de lardons poêlés.

• **Tarte dorée au chou blanc :** faites blanchir un demi-chou blanc coupé en lanières 15 minutes à l'eau bouillante. Faites revenir dans du beurre, ajoutez 2 c. à s. de crème fraîche, 1 c. à s. de miel et 1/2 c. à c. de curry. Laissez mijoter 3 minutes. Versez la préparation sur une pâte brisée. Recouvrez de lamelles de comté ou de gouda. Enfournez 25 minutes environ à four chaud. Ça marche aussi avec du chou rouge, ou en mélangeant les deux.

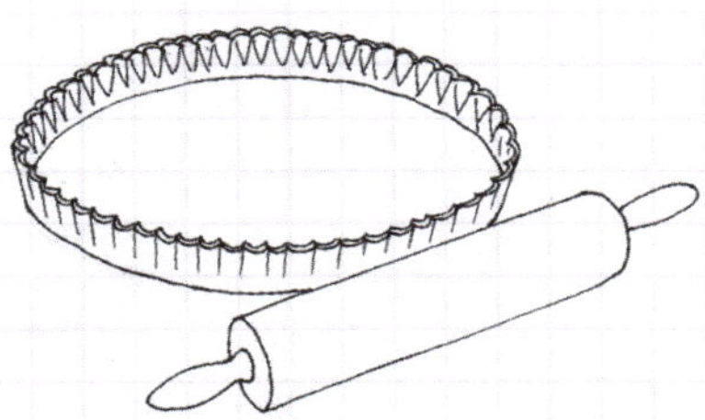

• **Coleslaw salad :** râpez un quart de chou blanc et 2 carottes. Coupez un demi-oignon en tout petits dés. Mélangez le tout avec de la mayonnaise. Ajoutez 1 c. à c. de sucre et 1 c. à s. de vinaigre. Salez et poivrez. Réservez 2 heures au frais. Vous pouvez y ajouter des raisins secs et des morceaux de pomme. Une salade croquante qui fait fureur chez les Anglo-Saxons.

LES BONNES ASSOCIATIONS

En salade :

- rouge ou blanc : avec des raisins secs, du bleu, des noix, des lardons fumés, des pignons, du miel, des dés de pomme, du jus de citron...
- blanc : avec des morceaux d'orange, du fromage blanc, des dés de concombre et des raisins secs

Sauté :

- blanc : avec du gingembre et des crevettes ; avec de la noix coco râpée, des oignons, du piment et des épices (cumin, curry, curcuma...) ; avec des poireaux émincés et de la sauce soja
- rouge : avec des pommes, du bacon, du vin et des châtaignes

L'astuce du maraîcher

Pour qu'il soit plus digeste, faites blanchir le chou blanc émincé quelques minutes à l'eau bouillante salée avant de le cuisiner.

L'AVOCAT

Doux, onctueux et facile à préparer, l'avocat mérite toutes vos faveurs. Sa chair crémeuse, souvent mariée à la crevette, apprécie aussi la compagnie des agrumes, des poissons marinés ou des viandes blanches.

BIEN LE CHOISIR

L'avocat doit être légèrement souple au toucher autour du pédoncule. On peut aussi l'acheter bien ferme et le laisser mûrir à la maison. Sa saison s'étend d'octobre à avril.

CONNAÎTRE LES VARIÉTÉS

Le **haas** possède une peau épaisse, foncée et verruqueuse. Sa chair ferme et onctueuse est d'excellente qualité.
Le **fuerte** a la peau lisse, fine et d'un vert sombre. D'une très bonne tenue à la découpe, il est parfait pour les salades et les sandwichs.

COMMENT LE CONSERVER

Pas assez mûr ? Laissez-le quelques jours à température ambiante près de pommes ou de bananes. À maturité ? Placez-le dans le bac à légumes pour arrêter le mûrissement.

SAVOIR LE PRÉPARER

Roulez l'avocat entre les paumes de vos mains et la peau se retirera facilement. Pour éviter que l'avocat ne s'oxyde une fois épluché, arrosez-le de jus de citron.

SALADE D'AVOCAT AU POULET ET À LA MANGUE

Pour 6 personnes

Préparation : 10 min. Cuisson : 10 min

❀ 2 avocats ❀ 2 mangues ❀ 1 citron ❀ 400 g de poulet ❀ 1 c. à s. d'huile de tournesol ❀ 2 c. à c. de curry en poudre ❀ Quelques brins de coriandre

Pour la sauce

❀ 15 cl de fromage blanc ❀ 1 c. à s. de vinaigre ❀ 1 c. à s. d'huile d'olive ❀ 1 c. à c. de ketchup ❀ ½ c. à c. de curry ❀ 1 filet de Tabasco ❀ sel

1. Épluchez les avocats et les mangues. Taillez-les en fines lamelles. Arrosez les lamelles d'avocat de jus de citron.

2. Émincez le poulet. Faites-le saisir 10 minutes à la poêle dans de l'huile bien chaude. Saupoudrez-le de curry.

3. Mélangez délicatement l'avocat, la mangue et le poulet au curry. Parsemez de coriandre ciselée.

4. Préparez la sauce au fromage blanc en mélangeant tous les ingrédients. Assaisonnez la salade au dernier moment.

PLEIN D'IDÉES POUR LE CUISINER

- **Mousse d'avocat à la feta :** évidez la chair d'un avocat, badigeonnez-la de jus de citron. Mixez avec 25 g de feta, ajoutez 1 oignon blanc émincé et des dés de poivron. Salez et poivrez. À tartiner sur du pain grillé.

- **Rillettes d'avocat au thon :** écrasez la chair de 2 avocats avec une fourchette. Citronnez et ajoutez une petite boîte de thon au naturel émietté. Mélangez, salez, poivrez. Ajoutez 1 oignon blanc émincé et, éventuellement, de la ciboulette ciselée. Servez frais sur des tartines grillées.

- **Salade pomme-avocat-pamplemousse :** mélangez des avocats coupés en lamelles, des dés de granny-smith, des rondelles de céleri et des quartiers de pamplemousse pelés à vif. Arrosez d'une vinaigrette à base d'huile d'olive, de jus de citron, de sel et de poivre.

L'astuce du maraîcher

Pour retirer facilement le noyau, coupez l'avocat en deux, plantez la lame du couteau dans le noyau, dans le sens de la largeur. Et hop, retirez le couteau, le noyau vient avec.

L'ENDIVE

Craquez tout l'hiver pour le croquant de l'endive. Crue, elle se marie avec bonheur avec les pommes, le roquefort, les noix ou les poissons fumés. Délicatement braisée, elle appréciera la compagnie des agrumes.

BIEN LA CHOISIR

À l'achat, les endives doivent être fermes, bien ventrues avec des feuilles serrées et bien blanches légèrement bordées de jaune. Ne prenez pas celles qui ont des taches brunâtres.

COMMENT LA CONSERVER

Les endives se conservent 1 semaine dans le bac à légumes du réfrigérateur, de préférence dans du papier absorbant ou dans leur emballage d'origine. Gardez-les toujours à l'abri de la lumière.

SAVOIR LA PRÉPARER

Pas besoin de laver les endives : contentez-vous d'essuyer les feuilles extérieures avec un torchon humide.

CUISSON ET QUANTITÉ

10 minutes à la vapeur
20 minutes à l'eau bouillante
25 minutes à la poêle ou à l'étouffée
1 kg pour 6 pers., en accompagnement

Le saviez-vous ?

L'endive aurait été découverte par hasard au XIXe siècle par M. Bréziers, le responsable du jardin botanique de Bruxelles. Il aurait caché des pieds de chicorée sauvage sous un peu de terre dans sa cave pour payer moins d'impôts. Surprise ! Quelque temps plus tard, les racines de cette chicorée avaient donné naissance à un légume qu'il surnomma witloof *(« feuilles blanches »).*

ENDIVES FONDANTES AU JAMBON DE PARME

Pour 4 personnes

Préparation : 15 min
Cuisson : 30 min

- *4 endives*
- *80 g de beurre*
- *1 citron*
- *1 brocoli*
- *4 tranches de jambon de Parme*
- *sel et poivre*

1. Faites fondre 50 g de beurre dans une cocotte et faites-y dorer les endives quelques minutes à feu moyen.

2. Pressez le jus du citron. Arrosez les endives de ce jus. Salez et poivrez.

3. Ajoutez 15 cl d'eau, couvrez et laissez mijoter 25 minutes environ à feu doux. Rectifiez l'assaisonnement si nécessaire.

4. Coupez le brocoli en morceaux et faites-les cuire 10 minutes dans une casserole d'eau bouillante salée. Égouttez-les. Réservez au chaud.

5. Sortez les endives de la cocotte et enroulez chacune d'elles dans une tranche de jambon de Parme. Servez avec le brocoli. Recouvrez de 30 g de beurre fondu.

PLEIN D'IDÉES POUR LA CUISINER

VITE FAIT, BIEN FAIT !

• **Salade d'endives au saumon :** émincez 5 endives et 2 tranches de saumon fumé. Coupez 1 pamplemousse en dés et concassez 1 dizaine de cerneaux de noix. Mélangez le tout avec une vinaigrette à la moutarde et un peu de ciboulette ciselée.

• **Fondue d'endives à l'orange :** faites fondre du beurre dans une cocotte, ajoutez 1 oignon émincé et les feuilles de 8 endives. Laissez réduire 5 minutes. Recouvrez du jus pressé de 3 oranges et d'un peu de gingembre râpé. Salez et poivrez, et laissez mijoter à feu doux 20 minutes. Une fondue parfaite pour accompagner des crevettes ou des Saint-Jacques poêlées.

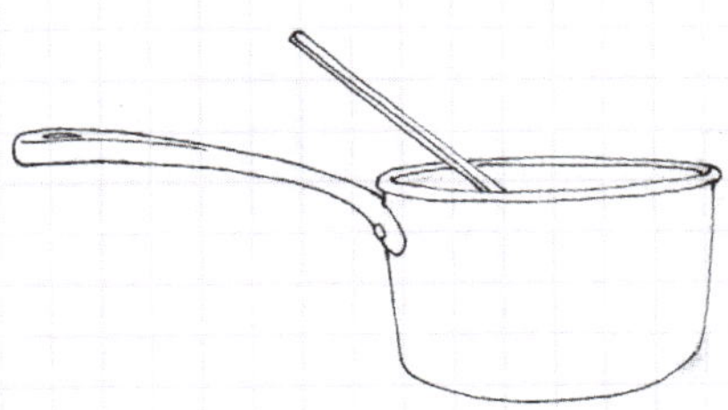

• **Papillote de cabillaud aux endives :** déposez sur une feuille d'aluminium des endives émincées préalablement blanchies 2 minutes à l'eau bouillante. Salez, poivrez et ajoutez 1 c. à c. de crème fraîche et 1/2 c. à c. de zeste haché de citron confit. Ajoutez un filet de cabillaud. Fermez la papillote et enfournez 15 minutes à 180 °C (th. 6).

LES BONNES ASSOCIATIONS

Crue, en salade, avec :

- les crudités : l'avocat, la betterave, la carotte, le céleri branche, le chou blanc, le chou rouge
- les fruits : des quartiers d'agrumes, des cerneaux de noix, des dés de pomme ou de poire, des raisins secs
- les fromages : le comté, le gruyère, le parmesan, le roquefort, le bleu d'Auvergne, la feta
- les épices : la cannelle, le cumin, le curry, la muscade, le piment doux
- les fines herbes : la ciboulette, le cerfeuil, le persil
- mais aussi avec les lardons, les gésiers, les pommes de terre tièdes et le saumon fumé

Cuite, avec :

- les viandes blanches, les volailles, le jambon
- les poissons, les crevettes et les coquillages

L'astuce du maraîcher

Pour atténuer l'amertume des endives, faites-les blanchir quelques minutes dans une casserole d'eau bouillante sucrée.

LA MÂCHE

Toute verte, tendre et délicate, la mâche nous séduit avec ses jolies feuilles rondes. Sa saveur légèrement sucrée se prête à toutes les inventions culinaires : en salade, en velouté ou à l'étuvée comme des épinards.

BIEN LA CHOISIR

Choisissez une mâche aux feuilles bien vertes, non abîmées, non flétries et non jaunies.
On la trouve toute l'année en barquette prête à l'emploi. Mais sa meilleure saison s'étend de septembre à mars.

COMMENT LA CONSERVER

La mâche se conserve 3 à 4 jours dans sa barquette ou son sachet d'origine, dans le bac à légumes du réfrigérateur.

SAVOIR LA PRÉPARER

Coupez les racines et lavez délicatement les feuilles de mâche pour retirer le sable. Surtout, ne les laissez pas tremper. Essorez et séchez.

CUISSON ET QUANTITÉ

6 à 7 minutes à la poêle
250 g de mâche pour une salade composée pour 4 pers.
500 g de mâche pour une soupe pour 4 pers.

SALADE DE MÂCHE AUX BETTERAVES ET AUX CHAMPIGNONS

Pour 4 personnes

Préparation : 15 min

❀ 250 g de mâche ❀ 1 betterave ❀ 200 g de champignons de Paris ❀ 1 pomme Granny-Smith ❀ 2 échalotes ❀ 10 cerneaux de noix ❀ 1 c. à s. de vinaigre de framboise ❀ 2 c. à s. d'huile de tournesol ❀ sel et poivre

1. Lavez, puis essorez la mâche.

2. Épluchez la betterave et râpez-la à l'aide d'une râpe à gros trous.

3. Coupez la base des champignons, passez-les rapidement sous un filet d'eau. Taillez-les en fines lamelles et essuyez-les délicatement dans un torchon.

4. Épluchez la pomme et taillez-la en bâtonnets. Épluchez les échalotes et émincez-les finement. Concassez les cerneaux de noix.

5. Préparez la vinaigrette avec le vinaigre, l'huile et les échalotes. Salez et poivrez.

6. Dans un saladier, mettez la mâche, la betterave, les champignons, les noix concassées et la pomme. Au dernier moment, arrosez de vinaigrette, mélangez et servez.

PLEIN D'IDÉES POUR LA CUISINER

- **Velouté de mâche :** faites revenir 2 barquettes de mâche dans du beurre et ajoutez 400 g de pommes de terre coupées en morceaux. Salez et poivrez. Recouvrez avec 1,5 l de bouillon de volaille. Laissez cuire 30 minutes à feu doux. Mixez et ajoutez 25 cl de crème fraîche. Servez avec des croûtons, des dés de gorgonzola ou de roquefort ou de saumon fumé. Un velouté envoûtant.

- **Coulis de mâche :** faites cuire 250 g de mâche 6 à 7 minutes dans du bouillon de volaille. Mixez finement et ajoutez de la crème fraîche. Parfait pour accompagner des œufs mollets ou des pâtes.

En salade, avec :

- des magrets de canard fumé, des poires et du roquefort
- des gésiers de volaille et des œufs pochés
- des endives et des carottes râpées
- du saumon fumé et des dés de pomme
- avec des cœurs d'artichaut, du jambon cru et des copeaux de parmesan

L'astuce du maraîcher

La mâche est fragile et craint le vinaigre. Préparez votre vinaigrette, versez-la au fond d'un saladier. Posez vos couverts à salade en croix au fond et mettez la mâche par-dessus. Mélangez au tout dernier moment.

LE RADIS NOIR

Noir dehors, blanc éclatant dedans, le radis adore les contrastes. Cru, il donne du piquant et du croquant à toutes les salades. L'essayer, c'est l'adopter !

BIEN LE CHOISIR

Vérifiez qu'il est bien ferme et que sa peau est lisse et sans taches. Bannissez les radis mous. On trouve le radis noir de décembre à février.

CONNAÎTRE LES VARIÉTÉS

Le radis noir **gros long d'hiver de Paris**, a une chair blanche ferme et compacte. Le radis noir **long maraîcher** ou « **poids d'horloge** » est long et cylindrique, et se trouve plutôt en été et en automne.

COMMENT LE CONSERVER

Le radis noir se garde 2 à 3 semaines dans le bac à légumes du réfrigérateur.

SAVOIR LE PRÉPARER

Le radis se pèle à l'économe. Tranché finement, on peut lui laisser sa belle peau noire préalablement brossée.

QUANTITÉ

1 radis noir pour une entrée pour 4 pers.

SALADE CROQUANTE AU RADIS NOIR ET AU CHÈVRE

Pour 4 personnes

Préparation : 10 min

❀ 1 radis noir ❀ 1 panais ❀ 2 pommes ❀ 1 citron ❀ 10 brins de ciboulette ❀ 200 g de chèvre frais ❀ 2 c. à s. d'huile d'olive ❀ 1 c. à s. de vinaigre de vin ❀ 1 c. à s. de miel liquide ❀ 150 g de mâche ❀ sel et poivre

1. Lavez le radis noir, ne l'épluchez pas, et émincez de très fines tranches à la mandoline.

2. Grattez le panais et râpez-le. Épluchez les pommes et taillez-les en fins bâtonnets. Citronnez le panais et les pommes.

3. Ciselez la ciboulette. Formez des petites billes de chèvre frais et roulez-les dans la ciboulette ciselée.

4. Préparez une vinaigrette avec l'huile d'olive, le vinaigre de vin, le miel, du sel et du poivre.

5. Mélangez le radis noir, le panais et les pommes à la mâche.

6. Juste avant de servir, versez la vinaigrette, mélangez et déposez les billes de chèvre par-dessus.

PLEIN D'IDÉES POUR LE CUISINER

• **Chips de radis noir :** pelez et émincez un radis noir en fines lamelles à l'aide d'une mandoline. Faites-les frire dans de l'huile très chaude. Égouttez les chips de radis noir et épongez le surplus de gras avec du papier absorbant. Salez et servez à l'apéritif. Original !

• **Tartare de radis noir aux betteraves :** taillez un radis noir et des betteraves en dés. Salez et ajoutez un filet de vinaigre de cidre. Égouttez. Proposez ce tartare rouge et blanc pour accompagner des poissons fumés.

• **Carpaccio de radis noir :** disposez de très fines rondelles de radis noir dans une grande assiette. Recouvrez d'huile d'olive et de jus de citron. Salez et poivrez. Réservez quelques heures au réfrigérateur. Servez bien frais avec un apéritif anisé.

L'astuce du maraîcher

Le radis noir est trop piquant ? Coupez-le en tranches fines, saupoudrez-les de sel et laissez-les dégorger au moins 1 heure. Essuyez le sel. Le radis noir aura perdu de sa force.

L'ANANAS

L'ananas, parfumé et rafraîchissant, est un véritable rayon de soleil en cuisine au cœur de l'hiver. De l'entrée au dessert, il apporte son exotisme nature en salade, poêlé avec des viandes blanches ou rôti au four avec des épices.

BIEN LE CHOISIR

Choisissez un ananas lourd dans la main et au parfum bien fruité, sans taches ni meurtrissures. Pour vérifier qu'il est bien mûr, tirez sur une de ses feuilles bien vertes, elle doit se détacher facilement. Le victoria débarque sur nos étals de décembre à février.

CONNAÎTRE LES VARIÉTÉS

Le **cayenne** (ou **cayenne lisse**), cylindrique et sans piquants, de 2 à 4 kg, possède une chair très juteuse et bien sucrée.
Le **queen**, de petite taille, est moins sucré que le cayenne.
De la famille des queen, le **victoria**, petit ananas au cœur tendre, séduit par sa chair délicieusement parfumée.

COMMENT LE CONSERVER

L'ananas n'aime pas les températures fraîches du réfrigérateur. Conservez-le à température ambiante. S'il n'est pas assez mûr, enveloppez-le de papier. Attention à ses voisins, il accélère le mûrissement des fruits qui lui tiennent compagnie.

SAVOIR LE PRÉPARER

Retirez les feuilles et la base du fruit. Placez-le debout et pelez-le de haut en bas avec un couteau à lame fine. Enlevez le cœur à l'emporte-pièce.

Le saviez-vous ?

Joliment appelé nana nana *(« parfum des parfums ») par les Amérindiens, l'ananas, découvert par Christophe Colomb, porte bien son nom.*

FILET MIGNON À L'ANANAS

Pour 4 personnes

Préparation : 20 min
Cuisson : 40 min

- *1 ananas*
- *2 filets mignons de porc*
- *3 c. à s. d'huile neutre*
- *30 g de beurre*
- *2 oignons*
- *2 c. à s. de rhum*
- *1 gousse d'ail*
- *1 citron vert*
- *10 cl de bouillon de volaille*
- *sel et poivre*

1. Pelez l'ananas. Retirez les « yeux » et le cœur. Taillez-le en rondelles de 5 mm d'épaisseur, puis découpez les rondelles en morceaux.

2. Dans une cocotte, faites chauffer l'huile et le beurre et faites-y dorer les filets mignons à feu vif. Retirez les filets mignons de la cocotte quand ils sont bien dorés.

3. Pelez et émincez les oignons. Faites-les dorer dans la cocotte, puis retirez-les et remplacez-les par les morceaux d'ananas. Faites-les caraméliser quelques minutes.

4. Remettez les oignons et les filets mignons dans la cocotte 2 minutes, versez le rhum et faites flamber.

5. Ajoutez l'ail écrasé, le jus du citron vert et le bouillon de volaille. Salez, poivrez et laissez mijoter 30 minutes.

6. Coupez les filets en médaillons et servez avec du riz blanc.

PLEIN D'IDÉES POUR LE CUISINER

VITE FAIT, BIEN FAIT !

• **Hamburger hawaïen :** faites revenir un steak haché avec un oignon émincé dans une poêle. Poêlez rapidement une tranche d'ananas et une tranche de bacon. Tartinez un pain à hamburger grillé d'un mélange crème fraîche-moutarde-ketchup, puis empilez une feuille de salade, la tranche d'ananas, le steak avec les oignons et la tranche de bacon. Fermez avec l'autre moitié du pain à hamburger. Pour initier les enfants aux surprises du sucré-salé.

• **Carpaccio d'ananas aux crevettes :** pelez un ananas, puis taillez-le en tranches très fines. Arrosez-les d'un filet d'huile d'olive et d'un peu de jus de citron vert. Parsemez de coriandre fraîche ciselée et de gingembre frais râpé. Ajoutez des crevettes roses décortiquées. Une entrée sucrée-salée légère et rafraîchissante.

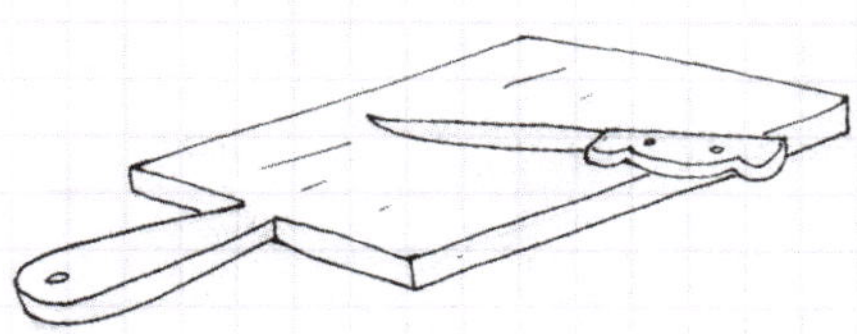

• **Curry d'ananas :** pelez un ananas, taillez-le en cubes (récupérez le jus), puis enrobez-les d'une pâte de curry. Faites mijoter les cubes d'ananas dans une cocotte avec un peu de lait de coco. Mélangez avec le jus de l'ananas. Laissez réduire et servez avec du riz blanc et un rôti de porc.

LES BONNES ASSOCIATIONS

En version sucrée, avec :

- le rhum
- le chocolat fondu : trempez-y des morceaux d'ananas
- le fromage blanc aux fruits rouges
- les épices : gingembre, clou de girofle, cardamome, cannelle, piment…

En version salée, avec :

- le lait de coco, dans un curry avec des crevettes, de la volaille ou une viande blanche
- les crevettes ou le crabe, en salade avec du riz
- les viandes rôties (porc ou volaille)
- le rhum

L'astuce du maraîcher

Attention, l'ananas possède une enzyme (la broméline) qui risque de ramollir les autres fruits. Il est donc préférable de l'incorporer au dernier moment à une salade de fruits.

LE KIWI

Qui est marron et velu à l'extérieur, vert et juteux à l'intérieur ? Oui, c'est le kiwi qui vitamine toutes les recettes de cuisine. En dessert, bien sûr, mais son côté acidulé et sa couleur franche réveillent aussi avec bonheur les recettes sucrées-salées.

BIEN LE CHOISIR

Quand vous achetez un kiwi, observez-le : il doit être souple au toucher et d'un beau brun clair. S'il est mou sous la pression des doigts, c'est qu'il est trop mûr. Sa saison s'étend de décembre à avril.

COMMENT LE CONSERVER

Acheté à maturité, le kiwi se conserve 8 jours dans le bac à légumes du réfrigérateur.

SAVOIR LE PRÉPARER

Retirez d'abord le « rostre » (la petite partie dure et renflée située à l'une des extrémités). Il ne vous reste plus qu'à l'éplucher à l'aide d'un couteau ou d'un économe, s'il est ferme.

Le saviez-vous ?

Appelé « groseille de Chine » au début du XXe siècle, il fut baptisé « kiwi » par les Néo-Zélandais dans les années 1950, en hommage à l'oiseau emblématique de l'archipel.

CLAFOUTIS AUX KIWIS

Pour 4 personnes

Préparation : 15 min. Cuisson : 25 min

❀ 8 kiwis ❀ 4 œufs ❀ 50 g de beurre ❀ 150 g de farine ❀ 150 g de sucre ❀ 1 pincée de sel ❀ 50 cl de lait ❀ 2 c. à s. de kirsch (ou de rhum) ❀ 1 sachet de sucre vanillé ❀ 1 citron

1. Préchauffez le four à 180 °C (th. 6). Beurrez, puis farinez légèrement un moule à gâteau.

2. Épluchez 5 kiwis, puis coupez-les en morceaux. Faites fondre le beurre.

3. Dans un saladier, battez les œufs en omelette, ajoutez le beurre fondu, puis versez la farine, 100 g de sucre et 1 pincée de sel. Incorporez le lait petit à petit, puis le kirsch, sans cesser de fouetter.

4. Disposez les morceaux de kiwi dans le moule, recouvrez de pâte, puis saupoudrez du sucre restant.

5. Enfournez 25 minutes environ, jusqu'à ce que le clafoutis soit bien doré.

6. Épluchez puis mixez les 3 kiwis restants avec le sucre vanillé et un filet de citron.

7. Servez le clafoutis tiède avec le coulis de kiwi.

PLEIN D'IDÉES POUR LE CUISINER

• Salade avocat-crabe-kiwi : découpez de fines lamelles de kiwi, d'avocat et de granny-smith. Pressez un citron vert dans un bol de mayonnaise. Ajoutez-y 1 boîte de chair de crabe égouttée. Mélangez, salez et poivrez. Sur une assiette, alternez des lamelles de kiwi, d'avocat et de pomme avec la mayonnaise au crabe. Réservez au frais. Une entrée terre-mer fruitée et rafraîchissante.

• Kiwi sur canapés : tartinez des tranches de pain de mie de fromage frais mélangé à de la ciboulette ciselée. Recouvrez d'une tranche de kiwi et d'une lamelle de saumon fumé ou d'une crevette rose. Étonnant !

• Coulis de kiwi : mixez des kiwis et des feuilles de basilic frais, ajoutez-y un peu d'huile d'olive. Un coulis original à servir avec un poisson fumé.

• Papillote de saumon au kiwi : glissez des rondelles de kiwi dans une papillote de saumon et enfournez 15 minutes. Un accord parfait.

L'astuce du maraîcher

Le kiwi continue à mûrir après récolte, vous pouvez donc l'acheter immature et le placer dans une corbeille de fruits avec des pommes ou des bananes ou encore l'envelopper dans du papier journal.

LA BANANE

On aime la banane de l'entrée au dessert. On la savoure « nature » ou associée à des épices, des crevettes, des fruits exotiques. Flambée au rhum, c'est un régal et, bien sûr, elle est la compagne gourmande du chocolat !

BIEN LA CHOISIR

Les bananes sont cueillies vertes sur l'arbre. Préférez les bananes de couleur jaune, signe de leur maturité. N'achetez pas des bananes tachées brun clair, cela signifie qu'elles ont gelé.
La banane est sur les étals toute l'année, mais la meilleure saison s'étend d'octobre à janvier.

CONNAÎTRE LES VARIÉTÉS

La banane **Cavendish**, quasiment la seule variété de banane-dessert qu'on trouve sur nos étals.
La banane **plantain**, qui ne se mange pas crue. Elle s'utilise en légume, frite, sautée ou bouillie et entre dans nombre de recettes exotiques.
La banane naine (**ti-nain** ou **fressinette**), dont la saveur sucrée et la texture croquante en font une invitée de choix dans les salades de fruits.

COMMENT LA CONSERVER

La banane n'aime pas le froid. Ne la mettez pas au réfrigérateur, sa peau deviendrait noire. Conservez-la à une température supérieure à 12 °C. Pour accélérer son mûrissement, enveloppez-la dans du papier journal et gardez-la à température ambiante.

SAVOIR LA PRÉPARER

Épluchez la banane juste avant de la cuisiner car elle s'oxyde au contact de l'air.

Le saviez-vous ?

Cultivé depuis 12 000 ans, le bananier serait une des premières plantes alimentaires connues. Oui, une plante et non pas un arbre ! Sa tige souterraine donne naissance à des feuilles qui, imbriquées les unes dans les autres, forment un « tronc » pouvant atteindre plusieurs mètres de haut. Le bananier est donc la plus grande herbe du monde !

TARTE BANANE-CHOCOLAT

Pour 6 personnes

Préparation : 10 min
Cuisson : 30 min
Réfrigération : 2 h

- *1 pâte feuilletée*
- *200 g de chocolat pâtissier*
- *4 bananes*
- *30 cl de crème liquide*
- *70 g d'amandes effilées*
- *300 g de haricots secs (pour la cuisson à blanc)*

1. Préchauffez le four à 180 °C (th. 6).

2. Abaissez la pâte feuilletée dans un moule à tarte de 28 cm préalablement beurré (ou recouvert de papier sulfurisé). Piquez le fond de la pâte feuilletée à l'aide d'une fourchette. Recouvrez complètement de haricots secs.

3. Faites cuire à blanc 20 minutes au four.

4. Faites fondre le chocolat coupé en morceaux au bain-marie à feu doux avec la crème liquide. Mélangez pour obtenir une pâte lisse.

5. Coupez les bananes en rondelles.

6. Faites griller à sec les amandes effilées.

7. Déposez sur le fond de tarte les deux tiers des rondelles de banane. Recouvrez de chocolat fondu. Décorez avec les amandes grillées et les rondelles de banane restantes. Réservez au réfrigérateur au moins 2 heures avant de déguster.

PLEIN D'IDÉES POUR LA CUISINER

VITE FAIT, BIEN FAIT !

• **Bananes croustillantes au barbecue :** badigeonnez des bananes de moutarde. Enroulez des tranches de poitrine fumée autour des bananes. Faites cuire 3 minutes de chaque côté sur le barbecue. Sucré, salé et bien croustillant.

• **Poisson au lait de coco et à la banane :** faites dorer dans une cocotte 1,2 kg de lieu coupé en morceaux pendant 10 minutes. Retirez-les. Faites revenir 1 oignon émincé. Ajoutez 2 c. à c. de curry, 15 cl de lait de coco, 1 bâton de citronnelle coupé en morceaux et 1 c. à s. de fumet de poisson délayé dans un verre d'eau. Remettez le poisson, salez et poivrez. Laissez revenir à feu doux 10 minutes environ. Ajoutez 6 bananes coupées en rondelles. Poursuivez la cuisson 10 minutes et servez avec du riz blanc.

• **Crevettes sautées aux bananes :** faites dorer des dés de banane, puis arrosez-les de citron vert. Réservez. Faites sauter les crevettes, remettez les dés de banane, ajoutez un peu de crème liquide et un filet de rhum. Salez et poivrez. Servez avec du riz blanc.

• **Verrines à la banane et au Nutella :** mettez des rondelles de banane au fond des verrines. Faites chauffer du Nutella avec un peu de crème liquide. Remuez puis versez dans les verrines. Recouvrez de spéculoos émiettés et d'une boule de glace vanille ou noix de coco. Les enfants vont adorer !

LES BONNES ASSOCIATIONS

En version sucrée, avec :

- le chocolat : incorporez des dés de banane dans un gâteau ou une mousse au chocolat
- les agrumes et l'ananas : dans une salade de fruits
- les épices : le gingembre, la cannelle, la vanille
- le rhum

En version salée, avec :

- les endives
- les crevettes
- les viandes blanches : faites frire des rondelles de banane et servez avec un rôti de veau ou de porc
- le rhum

L'astuce du maraîcher

Surprenez vos invités lors d'un barbecue : faites cuire des bananes entières (vous aurez lavé la peau auparavant), enveloppées dans une feuille d'aluminium.

L'ORANGE

Autrefois cadeau de Noël, l'orange est devenue un classique en cuisine. Mais elle n'est pas réservée aux desserts. Sa douce acidité sublime notamment les viandes blanches, les volailles et les poissons. Et ses quartiers pelés à vif apportent une délicieuse sensation de fraîcheur aux salades… sucrées ou salées !

BIEN LA CHOISIR

Il faut choisir des oranges bien fermes. En revanche, ne tenez pas compte de leur couleur ou de l'épaisseur de la peau, qui diffèrent selon les variétés.

CONNAÎTRE LES VARIÉTÉS

La **navel** est une excellente orange de bouche sans pépins (de novembre à juin, si elle est en provenance d'Espagne et du Maroc, de mai à octobre pour celle qui provient d'Afrique du Sud).
La **naveline** est une navel plus précoce. C'est une orange de bouche de bonne qualité, à la chair juteuse et sucrée (d'octobre à janvier).
La **valencia late** est une orange à jus à la peau fine (de janvier à mars).
La **maltaise** est une orange sanguine très juteuse et acidulée (de janvier à avril).

COMMENT LA CONSERVER

Les oranges se gardent une dizaine de jours à température ambiante et deux semaines dans le bac à légumes du réfrigérateur.

SAVOIR LA PRÉPARER

Prélevez des zestes à l'aide d'un économe sur des oranges non traitées et lavées à l'eau chaude. Veillez à ne pas prélever la partie blanche qui est amère. Faites-les ensuite blanchir quelques minutes dans l'eau bouillante.

Le saviez-vous ?

Originaires du sud-est asiatique, les orangers ont d'abord été introduits en Occident comme arbres d'ornement. À la fin du Moyen Âge, les Italiens ont commencé à utiliser le jus de leurs fruits.

Navel

MERLAN À L'ORANGE

Pour 6 personnes

Préparation : 10 min
Cuisson : 30 min

- *6 filets de merlan*
- *1 citron*
- *3 oranges*
- *5 c. à s. de crème fraîche*
- *15 cl de vin blanc sec*
- *3 jaunes d'œufs*
- *80 g de beurre*
- *30 g de farine*
- *sel et poivre*

1. Arrosez les filets de merlan du jus d'un demi-citron. Râpez le zeste d'une orange.

2. Pressez le jus de 2 oranges et de l'autre demi-citron dans une casserole placée au bain-marie. Ajoutez la crème, le vin et les jaunes d'œufs. Laissez cuire, en remuant de temps en temps, jusqu'à ce que le mélange épaississe. Salez, poivrez et ajoutez le zeste d'orange et 50 g de beurre coupé en petits morceaux, petit à petit. Gardez au chaud au bain-marie (attention, la sauce ne doit pas bouillir).

3. Farinez les filets de merlan. Faites fondre le reste de beurre dans une poêle et faites cuire les merlans à feu vif.

4. Épluchez la troisième orange et pelez ses quartiers à vif.

5. Disposez les filets de merlan sur un plat chaud. Nappez de sauce et garnissez des quartiers d'oranges. Servez avec des pommes vapeur ou du riz blanc.

PLEIN D'IDÉES POUR LA CUISINER

VITE FAIT, BIEN FAIT !

• **Oranges rôties à l'orange :** recouvrez 4 oranges pelées à vif coupées en tranches de 50 g de sucre et d'un filet de rhum. Réservez une nuit. Couvrez d'aluminium et enfournez 20 minutes à 180 °C (th. 6). Battez 3 œufs avec 10 cl de crème fraîche, 50 g de sucre, 1 pincée de sel et la moitié du jus de cuisson des oranges. Versez sur les oranges rôties et remettez 25 minutes au four. Servez chaud. Un dessert raffiné et savoureux.

• **Vin chaud épicé à l'orange :** versez 1 l de vin rouge corsé dans une casserole, ajoutez les quartiers de 2 oranges piqués de clous de girofle, 150 g de sucre, 1 bâton de cannelle, 50 cl de jus d'orange pressée, 15 cl d'eau, 1 étoile de badiane, 1 gousse de vanille fendue en deux et grattée. Portez à ébullition, baissez le feu, couvrez et laissez cuire 15 minutes. Filtrez et servez bien chaud.

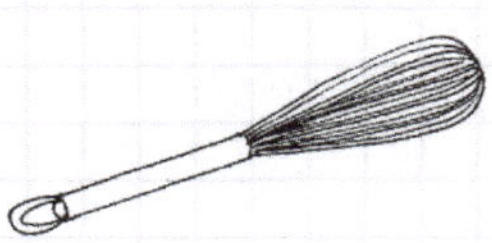

• **Sauce à l'orange :** fouettez 4 jaunes d'œufs avec 80 g de sucre en poudre dans un saladier. Faites bouillir 50 cl de jus d'orange fraîchement pressé. Versez le jus sur le mélange œufs-sucre. Remuez. Faites chauffer à feu doux en remuant sans cesse. Arrêtez la cuisson juste avant l'ébullition. À servir avec un moelleux au chocolat ou une crêpe Suzette.

LES BONNES ASSOCIATIONS

En zeste : dans un bœuf braisé ou bourguignon.

En quartiers : avec le canard, le filet mignon de porc, un tajine de veau ou même un poisson frit ou au four.

En quartiers pelés à vif : dans une salade de mâche, d'endives ou avec des carottes râpées.

Avec le chocolat sous toutes ses formes : dans une mousse, un fondant, une crème...

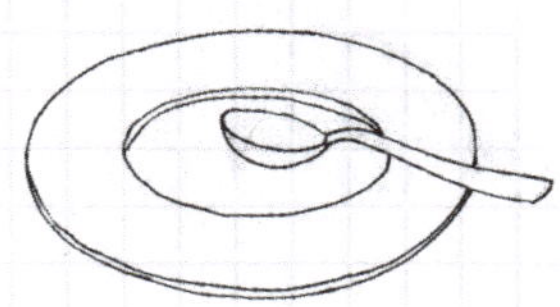

L'astuce du maraîcher

Pas si difficile de trancher des belles rondelles d'orange : il suffit de placer les oranges 10 minutes au congélateur au préalable. Et miracle, vous découperez des tranches parfaites, sans effort !

LE POMELO

Non, le pomelo n'aime pas que les crevettes. Tonique et rafraîchissante, sa pulpe acidulée se marie bien aux mets épicés. Et des petits morceaux de pomelo vitaminent salades et desserts et leur apportent une jolie touche de couleur.

BIEN LE CHOISIR

Les pomelos doivent être bien denses et lourds dans la main avec une peau fine, ferme et brillante. Ils sont disponibles de janvier à mai.

COMMENT LE CONSERVER

Le pomelo se conserve 8 jours environ à température ambiante et 2 semaines dans le bac à légumes du réfrigérateur.

SAVOIR LE PRÉPARER

Plongez vos pomelos 5 minutes dans de l'eau très chaude, ils seront plus juteux.

Le saviez-vous ?

On confond souvent pomelos et pamplemousses. Pourtant il s'agit de deux fruits différents. Les pomelos, agrumes de grande taille, sont ceux qu'on trouve le plus facilement et qu'on appelle à tort « pamplemousses ». Les pamplemousses, à la forme plus irrégulière, sont rarement commercialisés.

TARTE AU POMELO MERINGUÉE

Pour 6 personnes

Préparation : 15 min. Cuisson : 20 min

❀ 1 pomelo ❀ 1 pâte sablée ❀ 1 citron ❀ 4 œufs ❀ 50 g de beurre ❀ 200 g de sucre ❀ 100 g de sucre glace ❀ 1 pincée de sel ❀ 300 g de haricots secs

1. Préchauffez le four à 210 °C (th. 7). Déposez la pâte avec le papier cuisson dans un moule, piquez le fond de tarte à la fourchette, recouvrez de haricots secs et faites cuire à blanc 20 minutes. Sortez du four et laissez refroidir.

2. Râpez le zeste du citron, puis pressez le citron. Pecueillez le jus du pomelo.

3. Séparez les blancs des jaunes d'œufs. Fouettez les jaunes d'œufs avec le sucre. Ajoutez les jus de citron et de pomelo.

4. Faites chauffer à feu doux et laissez épaissir 10 minutes sans cesser de mélanger.

5. Hors du feu, ajoutez le beurre et le zeste de citron. Remuez. Laissez refroidir et versez sur le fond de tarte.

6. Montez les blancs en neige avec une pincée de sel. Incorporez petit à petit le sucre glace.

7. Étalez la meringue sur la crème refroidie. Faites cuire 5 minutes puis faites dorer 3 minutes au gril.

PLEIN D'IDÉES POUR LE CUISINER

- **Brochettes de poulet au pomelo :** faites mariner 1 heure des gros dés de poulet dans du jus de pamplemousse, 1 yaourt et 1 c. à s. de sauce soja. Enfilez les dés de poulet sur une brochette en alternant avec des quartiers de pomelo avec la peau. Faites cuire 15 minutes au barbecue ou sous le gril du four. À déguster avec un riz blanc et de la coriandre fraîche.

- **Pomelo rôti au miel :** coupez un pomelo en deux. Placez les deux moitiés dans un plat, saupoudrez de graines de vanille, de cannelle et de noix de muscade râpée. Recouvrez de miel, et passez 5 minutes sous le gril du four.

- **Maquereaux marinés au pomelo :** préparez une marinade avec le jus d'1 pomelo et de 2 citrons verts, 2 oignons blancs émincés, 3 c. à s. d'huile d'olive, 50 g de gingembre râpé et 1 piment émincé. Placez-y 4 filets de maquereau. Couvrez et laissez mariner une nuit. Servez avec des quartiers de pomelo pelés à vif.

L'astuce du maraîcher

Pour peler les pomelos à vif, coupez les deux extrémités. Retirez toute la peau en coupant des bandes le long du fruit, de haut en bas. Puis glissez la lame du couteau entre la pulpe et la membrane pour détacher les segments.

LA CLÉMENTINE

On adore la croquer en hiver, mais on ne pense pas assez à l'utiliser en cuisine. Pourtant, son goût acidulé fait merveille dans les desserts mais ravive aussi les salades d'endives ou de mâche.

BIEN LA CHOISIR

Choisissez une clémentine ferme au toucher, lourde en main et avec une écorce bien collée aux quartiers. Ne tenez pas compte de sa couleur (elle peut être verte et mûre) ni de l'épaisseur de sa peau : cela dépend des variétés. La clémentine se déguste d'octobre à fin février.

CONNAÎTRE LES VARIÉTÉS

Les **fines**, très savoureuses, ont une peau très mince : la clémentine de Corse, aux feuilles vertes (de novembre à février), la **nour**, clémentine marocaine (de janvier à février), la **hernandina** espagnole, aux reflets verts (de janvier à février).
La **oroval**, plus grosse, possède une peau rugueuse (de novembre à décembre).
La **nules** est grosse, très juteuse avec une peau granuleuse (de novembre à février).

COMMENT LA CONSERVER

La clémentine se conserve 4 à 5 jours à température ambiante et jusqu'à 10 jours dans le bac à légumes du réfrigérateur.

CLÉMENTINES CONFITES

Préparation : 10 min. Cuisson : 1 h

❀ 1 kg de clémentines non traitées
❀ 1 kg de sucre en poudre ❀ 1 l d'eau

1. Lavez, puis ébouillantez les clémentines 30 secondes. Égouttez-les et percez-les à plusieurs endroits à l'aide d'une fourchette.

2. Dans une très grande cocotte, mélangez l'eau et le sucre, portez à ébullition. Plongez les clémentines dans le sirop bouillant et laissez cuire 1 heure à feu doux.

3. Retirez la cocotte du feu. Laissez les clémentines refroidir dans le sirop. Vérifiez sur une clémentine qu'elle est entièrement confite. Si ce n'est pas le cas, attendez 12 heures et portez-les à nouveau 5 minutes à ébullition.

4. Égouttez les clémentines et coupez-les en rondelles ou en lanières. Dégustez-les telles quelles ou décorez-en une bûche de Noël.

Le saviez-vous ?

La clémentine a vu le jour par hasard au début du XXe siècle en Algérie. C'est le père Clément qui, après avoir croisé une mandarine et une orange amère, a obtenu ce petit agrume orangé qui fut baptisé « clémentine » en l'honneur de son géniteur.

PLEIN D'IDÉES POUR LA CUISINER

• **Magrets de canard aux clémentines :** incisez la peau de 4 magrets. Saisissez-les 8 minutes côté peau, jetez la graisse, retournez-les et faites-les cuire 8 minutes. Réservez au chaud. Versez dans la poêle le jus de 4 clémentines, ajoutez 2 c. à s. de miel et le zeste râpé de 2 clémentines, salez et poivrez. Laissez réduire 4 minutes et ajoutez les quartiers de 6 clémentines. Servez les magrets nappés de sauce avec les clémentines.

• **Écailles de clémentines :** tranchez des clémentines très finement et disposez-les en « écailles » (en les superposant) sur une tarte ou un fondant au chocolat.

• **Salade de crevettes aux clémentines :** mélangez des quartiers de clémentines, des crevettes cuites décortiquées (ou des écrevisses) et des pousses d'épinard. Assaisonnez d'une vinaigrette huile d'olive-vinaigre balsamique-jus de clémentine. Surprenant et rafraîchissant.

L'astuce du maraîcher

Une odeur tenace a envahi votre four ? Mettez des pelures de clémentine dans le four chaud et laissez la porte ouverte. Les mauvaises odeurs disparaîtront du four, mais en plus, la pièce embaumera les agrumes.

Chez le boucher

LA DINDE

Traditionnellement servie à Noël, la femelle du dindon s'adapte à toutes les recettes, des plus festives aux plus quotidiennes. Une volaille fine, goûteuse et savoureuse.

Comment la choisir ?

Une bonne dinde a le bréchet souple, le cou court, les pattes lisses et la peau blanche et fine. Préférez une dinde Label rouge, nourrie essentiellement aux céréales.

Les bons morceaux

Les cuisses et les escalopes.

Conservation

5 jours dans son emballage d'origine dans la partie la plus froide du réfrigérateur.

Des idées pour la cuisiner

Pour les fêtes, la dinde est habituellement rôtie et souvent truffée ou farcie aux marrons. Elle peut aussi remplacer le poulet ou le veau dans la plupart des recettes sautées ou mijotées avec des épices. Gardez précieusement les restes : vous les glisserez dans un sandwich ou une salade le lendemain.

L'OIE

Une volaille digne des repas de fête, avec sa peau craquante et dorée : c'est l'oie, à la chair fondante et goûteuse. Dépêchez-vous, on ne la trouve qu'en décembre et en janvier.

Comment la choisir ?

La peau jaune clair doit être fine et nette sans lésions ni plumes. Préférez une oie Label rouge élevée en plein air.

Conservation

3 jours dans son emballage au réfrigérateur.

Des idées pour la cuisiner

Oie farcie aux pommes et aux poires : coupez en dés 4 pommes et 4 poires. Faites-les revenir 5 minutes dans du beurre avec 1 c. à s. de miel. Salez et poivrez. Ajoutez des zestes d'orange et de citron et 100 g de noix hachées. Remplissez l'oie de la farce aux fruits. Refermez-la en cousant. Enfournez 2 h 30 à 180 °C (th. 6). Arrosez en cours de cuisson. Servez avec des segments d'orange poêlés et une purée de pommes de terre.

LE PORC

Tendre, savoureuse et peu onéreuse, la viande de porc a tout pour plaire et s'adapte à tous les modes de cuisson.

Comment le choisir ?

La viande doit être rose pâle, avec un grain serré et une graisse bien blanche.

Les bons morceaux

À griller : échine, jambon, travers, carré ou poitrine.

À mijoter : jarret, palette, échine, poitrine, rouelle.

À rôtir carré et rôti dans le filet et pointe du filet, jarret.

Conservation

3 jours dans son emballage d'origine au réfrigérateur.

Des idées pour le cuisiner

Terrine de porc : mélangez 400 g de foie de porc, 400 g de gorge de porc et 400 g d'épaule hachés. Ajoutez 3 échalotes, 3 gousses d'ail et 1 petit bouquet de persil hachés. Salez, poivrez, ajoutez 2 c. à c. de quatre-épices. Versez 25 cl de lait, 2 c. à s. de farine, ajoutez 3 œufs battus et malaxez le tout. Versez cette farce dans un plat à terrine bardé. Faites cuire 1 heure 30 au bain-marie au four à 180 °C (th. 6). Laissez refroidir la terrine et réservez au réfrigérateur une nuit. Dégustez sur du pain de campagne grillé.

LE BŒUF

De la tête à la queue, tout se mange et se cuisine dans le bœuf. En hiver, on choisit des morceaux moelleux et on les fait longuement mijoter.

Comment le choisir ?

Choisissez une viande rouge vif à la chair persillée et à la graisse blanche ou jaune pâle.

Les bons morceaux

Pour un pot-au-feu : gîte, macreuse, jumeau, plat de côtes, queue, joue ou tendron.

Pour une daube ou un bourguignon : joue, paleron, macreuse, gîte, poitrine.

Conservation

3 jours dans son emballage d'origine au réfrigérateur.

Des idées pour le cuisiner

Carbonade flamande : dans une cocotte, faites dorer dans du beurre 1 kg de bœuf (macreuse, gîte, paleron, jumeau) coupé en gros morceaux. Saupoudrez de farine. Mélangez. Ajoutez 4 oignons émincés. Laissez cuire 5 minutes. Versez 3 c. à s. de vinaigre de vin et grattez les sucs au fond de la cocotte. Ajoutez 75 cl de bière, 2 c. à s. de cassonade, 1 bouquet garni et 6 tranches de pain d'épice tartinées de moutarde. Portez à ébullition, couvrez puis laissez mijoter 3 heures à feu doux.

Chez le poissonnier

LE SAUMON

Texture onctueuse et fondante, saveur douce légèrement sucrée, le saumon fait l'unanimité ! Et sa chair rose est facile à cuisiner aussi bien crue que cuite !

Comment le choisir ?

Bien frais, le saumon a l'œil brillant, le corps raide et le ventre ferme. Préférez un saumon sauvage, bio ou Label rouge.

Conservation

Vidé, lavé et séché : 3 jours dans le bas du réfrigérateur.

Des idées pour le cuisiner

On peut le faire mariner dans de l'huile d'olive et des herbes aromatiques ; le glisser dans une quiche ; le transformer en terrine ou en rillettes ; l'enfermer avec des petits légumes dans une papillote ou encore le faire cuire au four avec du champagne.

Saumon gravlax : mélangez 3 c. à s. de sucre, 3 c. à s. de gros sel, 1 c. à c. de poivre noir. Frottez 4 filets de saumon avec ce mélange. Recouvrez d'aneth. Enveloppez dans du film alimentaire, posez dans un plat, recouvrez d'un poids et laissez mariner au moins 2 jours au réfrigérateur en retournant le saumon deux fois par jour. Servez avec une sauce sucrée à la moutarde.

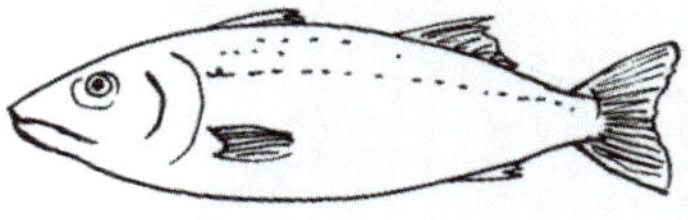

LES MOULES

Consommées depuis la préhistoire, les moules s'épanouissent aussi bien dans les mers froides de l'Atlantique et de la Manche que dans les eaux chaudes de la Méditerranée. Leurs coquilles noires teintées de bleu renferment une chair orange et savoureuse.

Comment les choisir ?

Choisissez des moules lourdes, bien fermées et pas trop grosses. Jetez celles qui sont ouvertes.
Moules de bouchot : petites et rondes, ce sont les préférées des amateurs.
Moules de Hollande : plus grosses et moins savoureuse que les bouchots.
Moules de Méditerranée : grosses et charnues.

Conservation

Elles se conservent 3 jours dans le bac à légumes du réfrigérateur, recouvertes d'un torchon humide.

Des idées pour les cuisiner

Elles aiment les cuissons courtes et se déclinent à toutes les sauces. Elles raffolent du vin blanc, de la crème, des oignons, des lardons, du curry, du roquefort, de l'ail, des tomates et des poivrons. Essayez-les gratinées avec du beurre et du persil ou farcies de chair à saucisse et servies avec un aïoli.

LE BAR

Très apprécié pour sa chair fine, iodée et parfumée, le bar résiste bien à la cuisson et possède peu d'arêtes. Appelé aussi loup, il est idéal à cuisiner.

Comment le choisir ?

Préférez le bar de ligne : une étiquette doit indiquer la provenance et le numéro du bateau. Si vous optez pour du bar d'élevage, préférez les Label rouge.

Le bar doit avoir des écailles brillantes et adhérentes, et une chair ferme et élastique.

Conservation

2 à 3 jours au réfrigérateur.

Des idées pour le cuisiner

Le bar est idéal en carpaccio, coupé en lamelles très fines assaisonnées de fleur de sel de Guérande, de citron et d'huile d'olive. Cuisinez-le aussi au four, au court-bouillon, en papillote, braisé, poché…

Bar en croûte de sel : recouvrez de gros sel le fond d'un plat à gratin. Posez dessus un bar lavé et séché (mais pas écaillé) et rempli de romarin. Recouvrez-le complètement de sel. Faites cuire 30 minutes au four à 240 °C (th. 8). Sortez du four et laissez reposer 5 minutes. Retirez la croûte et servez avec du beurre fondu citronné.

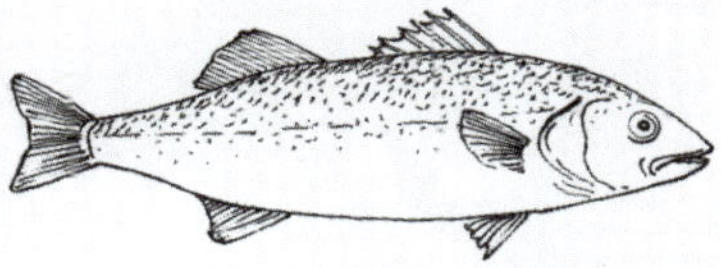

LA DORADE

Ce poisson de mer possède des écailles grises, roses ou rouges. On la préfère « royale » avec une chair très ferme et un goût très délicat et elle s'orthographie alors « daurade ».

Comment la choisir ?

Peau brillante, corps rigide, écailles bien adhérentes et yeux bombés sont des indices de fraîcheur.

Daurade royale : c'est la plus chère mais la meilleure.

Dorade rose : plus ronde et plus grosse, chair un peu moins ferme.

Dorade grise : la moins chère. Chair blanche mais peu ferme.

Conservation

2 jours au réfrigérateur.

Des idées pour la cuisiner

La dorade se déguste grillée, rôtie, pochée, en papillote ou cuite à la vapeur et sa forme ovale lui permet d'accueillir des farces. Elle est aussi délicieuse en curry.

Dorade au fenouil et à l'orange : entaillez une dorade sur ses flancs. Posez-la dans un plat huilé. Arrosez avec le jus de 3 oranges. Coupez une orange en rondelles, émincez un bulbe de fenouil et un bâton de citronnelle. Farcissez la dorade de ce mélange et répartissez le reste tout autour. Salez et poivrez. Enfournez 30 minutes à 210 °C (th. 7). Arrosez en cours de cuisson.

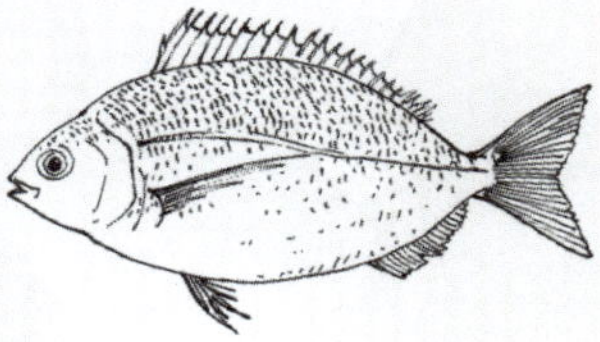

Chez le fromager

LE COMTÉ

Fromage AOC au lait cru à pâte pressée cuite du massif jurassien, le comté se présente en meules de 40 à 70 cm de diamètre. Il faut 450 l de lait pour produire une meule de 40 kg !

Comment le choisir ?

Le comté d'été : jaune intense, aux arômes de prairies.

Le comté d'hiver : parfum de foin, pâte ivoire.

Chaque meule de comté fait l'objet d'une notation sur 20 points. On appose une bande verte sur les meules qui reçoivent une note supérieure à 15.

Conservation

2 semaines dans son emballage, dans le bas du réfrigérateur.

Des idées pour le cuisiner

Le comté est l'allié des fondues et des gratins. Essayez-le dans un gratin de poireaux ou de potiron ou une quiche à la carotte. En dés sur des piques en bois, associez-le à des poires et du jambon cru ; des abricots secs et du chorizo ; de la betterave et des noix. Le comté aime les épices : saupoudrez-le de safran, de piment d'Espelette, de cumin, de paprika ou même de vanille !

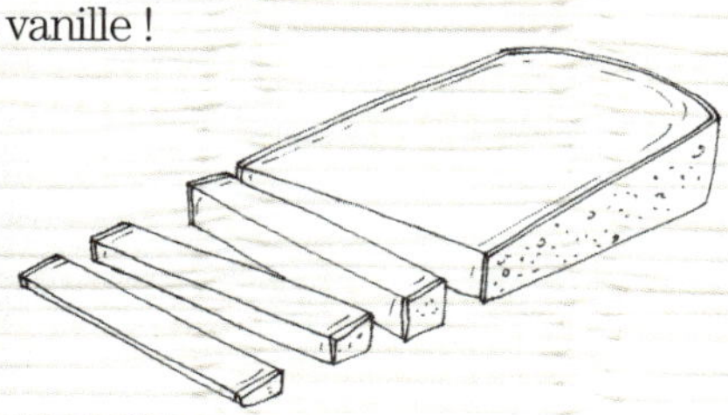

LE MONT D'OR

Le mont d'or tire son nom de la plus haute montagne du Doubs. Il doit sa saveur boisée unique et son parfum résineux à sa sangle et sa boîte en épicéa. Il est vendu exclusivement du 10 septembre au 10 mai : profitez-en.

Comment le choisir ?

Choisissez un mont d'or à croûte plissée, de couleur jaune clair à doré et à la pâte blanche légèrement coulante. Au nez, il dégage un parfum d'épicéa.

Conservation

1 semaine dans son emballage d'origine dans le bas du réfrigérateur.

Des idées pour le cuisiner

Mont d'or au four : retirez le couvercle et entourez la boîte d'aluminium. Piquez le fromage à la fourchette et insérez des lamelles d'ail. Faites un trou au milieu du mont d'or et versez-y 12 cl de vin blanc. Poivrez. Enfournez 20 minutes à 180 °C (th. 6). Servez avec des pommes de terre en robe des champs et laissez vos invités se servir à la cuillère ou tremper des morceaux de pain directement dans la boîte.

LE CANTAL

Produit en Auvergne depuis 2000 ans et apprécié depuis toujours pour son goût de beurre, de noisette, voire de réglisse, le cantal est considéré comme le plus ancien des fromages français.

Comment le choisir ?

Cantal jeune : 1 à 2 mois d'affinage. Fine croûte gris blanc, pâte couleur ivoire et saveur douce et lactée.

Entre-deux : 2 à 6 mois d'affinage. Croûte boutonnée d'or et pâte à la saveur plus marquée.

Cantal vieux : plus de 6 mois d'affinage. Croûte épaisse, parsemée de fleurs rouge orangé, pâte plus foncée, arômes corsés.

Conservation

Plus ou moins longtemps selon votre goût, dans son emballage, dans le bas du réfrigérateur.

Des idées pour le cuisiner

Le cantal s'épanouit dans les recettes régionales comme la célèbre truffade de pommes de terre. Mais il se marie aussi avec les raisins, les pommes, les noix et les noisettes. Coupé en lamelles, il devient fondant dans une soupe de légumes. Le cantal jeune peut remplacer la mozzarella dans une salade de tomates. Et vous pouvez l'utiliser dans une version auvergnate du cheeseburger avec de la viande de Salers.

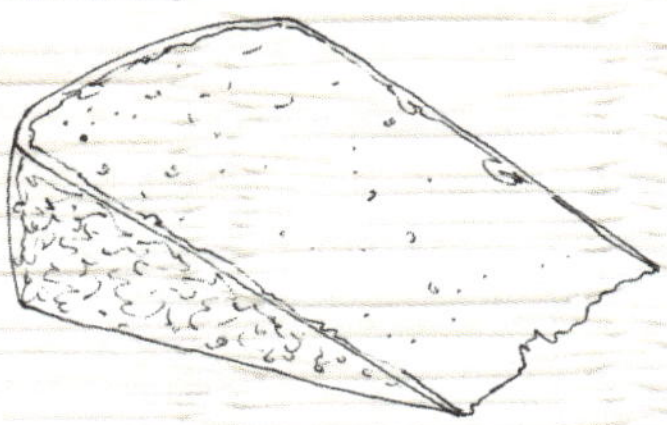

LE MORBIER

Fromage AOC au lait cru de vache, à pâte pressée non cuite, le morbier doit son nom à une petite ville de montagne du Haut-Jura. Marqué en son centre et sur toute la tranche de sa fameuse raie cendrée, le morbier offre un goût fruité et une texture tout en sensualité.

Comment le choisir ?

Le morbier doit présenter une pâte souple et onctueuse de couleur ivoire à jaune pâle et une raie noire continue sur toute la tranche.

Conservation

10 jours dans son emballage d'origine dans la partie la moins froide du réfrigérateur.

Des idées pour le cuisiner

Le morbier est souvent utilisé pour les fondues, les tartiflettes ou les raclettes. Mais il peut aussi agrémenter une salade aux lardons et aux œufs pochés ou se glisser, coupé en dés, dans une soupe au potimarron.

Tartine rôtie au morbier : imbibez une tranche de pain de campagne de vin blanc, déposez une tranche de morbier et recouvrez-la d'oignons émincés. Enfournez 10-15 minutes à 210 °C (th. 7).

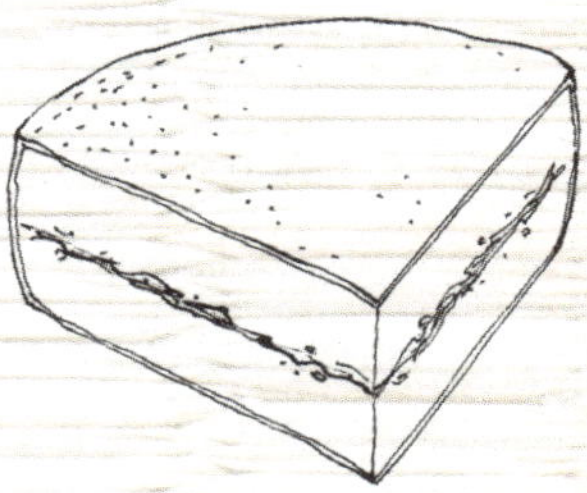

INDEX DES RECETTES PAR INGRÉDIENTS PRINCIPAUX

TABLE ALPHABÉTIQUE DES RECETTES

T

V

W

TABLE ALPHABÉTIQUE DES PRODUITS

LÉGUMES

FRUITS

VIANDES

POISSONS

FROMAGES

: printemps
: été
: automne
: hiver

Crédits photographiques

Couverture et p. 93 : © Matthieu Csech.

p. 6-7 : © Kharbine-Tapabor.

pp. 58-59 et 132-133 : © Delius/Leemage

p. 176-177 : © Collection IM/Kharbine-Tapabor

pp. 9, 13, 19, 25, 35, 41, 45, 67, 85, 87, 95, 99, 101, 105, 109, 113, 135, 143, 147, 149, 159, 163, 165, 169, 179, 185, 189, 191, 193, 197, 203, 207, 211, 217, 221 : © Fotolia.

pp 17, 23, 29, 31, 37, 39, 47, 61, 65, 71, 73, 77, 91, 115, 119, 121, 139, 141, 157, 183, 199, 223 : © Stockfood/Studio X.

pp. 51, 81, 125, 153, 213 : © Shutterstock.

p. 205 : © Eyedea.